TRÊS PASSOS PARA UMA PETIÇÃO DE SUCESSO NA EXECUÇÃO PENAL

TEORIA, PRÁTICA, DICAS E CÁLCULOS

Editora Appris Ltda.
1.ª Edição - Copyright© 2023 do autor
Direitos de Edição Reservados à Editora Appris Ltda.

Nenhuma parte desta obra poderá ser utilizada indevidamente, sem estar de acordo com a Lei n° 9.610/98. Se incorreções forem encontradas, serão de exclusiva responsabilidade de seus organizadores. Foi realizado o Depósito Legal na Fundação Biblioteca Nacional, de acordo com as Leis nos 10.994, de 14/12/2004, e 12.192, de 14/01/2010.

Catalogação na Fonte
Elaborado por: Josefina A. S. Guedes
Bibliotecária CRB 9/870

C198t
2023
Campos, Danilo Gonçalves de
Três passos para uma petição de sucesso na execução / Danilo Gonçalves de Campos. – 1. ed. – Curitiba : Appris, 2023.
154 p. ; 21 cm.

Inclui referências.
ISBN 978-65-250-4734-8

1. Execução penal. 2. Direito penal. I. Título.

CDD – 345

Editora e Livraria Appris Ltda.
Av. Manoel Ribas, 2265 – Mercês
Curitiba/PR – CEP: 80810-002
Tel. (41) 3156 - 4731
www.editoraappris.com.br

Printed in Brazil
Impresso no Brasil

Danilo Gonçalves de Campos

TRÊS PASSOS PARA UMA PETIÇÃO DE SUCESSO NA EXECUÇÃO PENAL

TEORIA, PRÁTICA, DICAS E CÁLCULOS

FICHA TÉCNICA

EDITORIAL	Augusto V. de A. Coelho
	Sara C. de Andrade Coelho
COMITÊ EDITORIAL	Marli Caetano
	Andréa Barbosa Gouveia - UFPR
	Edmeire C. Pereira - UFPR
	Iraneide da Silva - UFC
	Jacques de Lima Ferreira - UP
SUPERVISOR DA PRODUÇÃO	Renata Cristina Lopes Miccelli
ASSESSORIA EDITORIAL	Bruna Holmen
REVISÃO	Andrea Bassoto Gatto
PRODUÇÃO EDITORIAL	Bruna Holmen
DIAGRAMAÇÃO	Luciano Popadiuk
CAPA	Eneo Lage

Dedico esta obra aos apenados e apenadas deste país, aos seus familiares e aos operadores de Direito que contribuem para uma execução penal mais justa e igualitária, não medindo esforços para que as funções não declaradas da pena virem regras e não exceções.

De igual modo, dedico aos meus amigos e familiares, ao meu filho e aos profissionais que tanto me ensinam e me ensinaram durante esses anos de execução penal, entre Ministério Público, Defensoria Pública e Advocacia.

AGRADECIMENTOS

Agradeço primeiramente a Deus, em seguida aos meus familiares e amigos, ao meu filho, aos profissionais que tanto me ensinam e me ensinaram durante esses anos de execução penal, entre Ministério Público, Defensoria Pública e Advocacia, e à minha querida sócia, Isadora Oliveira Garcia, que leu e me ajudou com a escrita desta obra.

Não é a intensidade da pena que produz o maior efeito sobre o espírito humano, mas a extensão dela.

(Cesare Beccaria)

CONSIDERAÇÕES INICIAIS DO AUTOR

O presente estudo foi realizado com base nos conhecimentos por mim adquiridos desde 2016 na área de execução penal, iniciando no Ministério Público, passando pela Defensoria, assessorando na Advocacia e na contemporaneidade como professor de Execução Penal e advogado.

Quando iniciei minha caminhada na execução penal, como estagiário, ouvi dizer que a execução penal era preterida e que os poucos que aprendiam sobre ela tinham um diferencial em sua atuação.

Apesar de diversas obras sobre o tema, eu ainda sinto falta de um material prático que permita ao leitor entender os cálculos e suas petições sem decorebas ou falas rasas sobre o assunto, com uma linguagem fácil e didática.

Nesse intuito, esta obra foi desenvolvida abarcando questões teóricas e práticas no que diz respeito à execução penal, com dicas práticas, teóricas, de cálculos e do sistema carcerário.

Neste texto, tentei abarcar conteúdos que vão desde a origem do processo executivo de pena, com a emissão de sua guia, passando pelos direitos como progressão, livramento condicional, comutações e indultos, até a extinção da punibilidade, com exemplos vividos durante meus anos na execução penal.

Um ponto de destaque é que em todos os módulos trago teoria, prática e cálculos que fazem parte de determinado direito. Assim, além de uma petição bem fundamentada, você estará apto(a) a mostrar de forma clara os erros nos cálculos realizados pelos sistemas, muitas vezes mal alimentados.

Por derradeiro, informo que este livro é um complemento aos conhecimentos do Sistema Eletrônico de Execução Unificado (Seeu), a várias ferramentas, como tabelinhas e calculadoras penais, a obras que já foram publicadas e à sua prática, não podendo ser adotado como verdade absoluta, pois tudo no Direito "depende". Faça bom proveito e confie no processo, e não leia apenas os capítulos soltos, pois eles se complementam.

Siga a minha página no Instagram – @danilogoncalvescampos.

Inscreva-se no nosso canal no YouTube: Danilo Gonçalves Direito Penal. Minhas videoaulas ajudá-lo-ão a entender um pouco mais sobre a execução penal.

SUMÁRIO

1
FUNÇÕES DECLARADAS E NÃO DECLARADAS DA PENA 17

2
EXECUÇÃO PENAL – APRESENTAÇÃO............................ 19

3
EXECUÇÃO PENAL E SEUS PRINCÍPIOS 21
3.1 PRINCIPAIS PRINCÍPIOS DA EXECUÇÃO PENAL..................21
3.2 TIPOS DE EXECUÇÃO..22

4
GUIA DE RECOLHIMENTO... 25

5
**MANIFESTAÇÃO DE CIÊNCIA OU PEDIDO DE
RETIFICAÇÃO DE GUIA** 29

6
GUIA PROVISÓRIA 31

7
PRESCRIÇÃO E INTERRUPÇÃO..................................... 33
7.1 INTERRUPÇÃO 33
7.2 PRESCRIÇÃO NA FASE DA EXECUÇÃO PENAL...................37
7.3 PETIÇÃO DE INTERRUPÇÃO OU PRESCRIÇÃO 40

8
DETRAÇÃO E REMIÇÃO... 43
8.1 DETRAÇÃO...43
8.2 PENA CUMPRIDA *VERSUS* PENA EFETIVAMENTE CUMPRIDA..45
8.3 PEDIDO DE DETRAÇÃO...46
8.4 REMIÇÃO..48
8.5 PEDIDO DE DECLARAÇÃO DE REMIÇÃO.........................52

9
TRANSFERÊNCIA ENTRE COMARCAS............................ 59
9.1 DO DIREITO A CUMPRIR A REPRIMENDA EM LOCAL QUE FACILITE A RESSOCIALIZAÇÃO DO APENADO.......................59
9.2 PEDIDO DE TRANSFERÊNCIA ENTRE COMARCAS...............62

10
TRATAMENTO DE SAÚDE DO REEDUCANDO.................... 65
10.1 ESTADO, O "PAI" DOS ERGASTULADOS..........................65
10.2 PEDIDO DE TRATAMENTO DE SAÚDE............................65
10.3 PEDIDO DE RECOLHIMENTO DOMICILIAR.....................67

11
ATESTADO DE PENA... 71
11.1 HOMOLOGAÇÃO OU RETIFICAÇÃO DO CÁLCULO (ATESTADO DE PENA)..74
11.2 PEDIDO DE HOMOLOGAÇÃO OU RETIFICAÇÃO DO ATESTADO DE PENA.............................74

12
SOMA E UNIFICAÇÃO DE PENA...................................... 77
12.1 SOMA OU UNIFICAÇÃO? EIS A QUESTÃO.......................77
12.2 PEDIDO DE SOMA OU UNIFICAÇÃO............................78

13
DATA-BASE PARA A CONCESSÃO DE DIREITOS NA EXECUÇÃO PENAL... 81

14
PROGRESSÃO DE REGIME 83
14.1 SISTEMA PROGRESSIVO DE CUMPRIMENTO DA PENA 83
14.2 FRAÇÕES E PORCENTAGENS PARA A PROGRESSÃO DE REGIME 86
14.2.1 Progressões antes da vigência do pacote anticrime................ 87
14.2.2 Progressões de regime após a vigência do pacote anticrime 88
14.3 CONDIÇÕES ESPECIAIS PARA PROGRESSÃO DE REGIME 91
14.4 CALCULANDO AS PROGRESSÕES NO SISTEMA PROGRESSIVO DE CUMPRIMENTO DA PENA........................ 95
14.4.1 Calculando frações.. 95
14.4.2 Calculando porcentagens 98
14.5 PRIMEIRA PROGRESSÃO DE REGIME – CÁLCULO COM O CUMPRIMENTO DE UMA PENA.. 100
14.5.1 Segunda progressão de regime – cálculo com o cumprimento de uma pena 101
14.6 PRIMEIRA PROGRESSÃO DE REGIME – CÁLCULO COM O CUMPRIMENTO DE DUAS PENAS..................................... 101
14.6.1 Segunda progressão de regime – cálculo com o cumprimento de duas penas concomitantes 102
14.7 PRIMEIRA PROGRESSÃO DE REGIME – CÁLCULO COM O CUMPRIMENTO DE DUAS PENAS NÃO CONCOMITANTES........ 104
14.7.1 Segunda progressão de regime – duas penas não concomitantes ... 105
14.8 PEDIDO DE PROGRESSÃO DE REGIME 106

15
LIVRAMENTO CONDICIONAL...................................... 109
15.1 CALCULANDO O LIVRAMENTO CONDICIONAL.............. 109
15.2 PEDIDO DE LIVRAMENTO CONDICIONAL 111

16
AUDIÊNCIA ADMONITÓRIA 113
16.1 PEDIDO DE AUDIÊNCIA ADMONITÓRIA....................... 113

17
AUDIÊNCIA DE JUSTIFICAÇÃO 117
17.1 PEDIDO DE AUDIÊNCIA DE JUSTIFICAÇÃO 118

18
REGRESSÃO DE REGIME 121

19
INDULTO E COMUTAÇÃO 125
19.1 CALCULANDO INDULTO E COMUTAÇÃO 129
19.2 PEDIDO DE INDULTO OU COMUTAÇÃO 131

20
AGRAVO EM EXECUÇÃO 133
20.1 FOLHA DE INTERPOSIÇÃO DE AGRAVO EM EXECUÇÃO 134
20.2 RAZÕES DE AGRAVO EM EXECUÇÃO 135

21
PENA DE MULTA 137
21.1 PEDIDO DE PAGAMENTO DE PENA DE MULTA 138

22
EXTINÇÃO DA PUNIBILIDADE DO APENADO 141
22.1 PEDIDO DE EXTINÇÃO DA PUNIBILIDADE NA
EXECUÇÃO PENAL 141

23
DICAS PARA INICIANTES NA EXECUÇÃO PENAL 145

24
DICAS PARA NOVOS(AS) ADVOGADOS(AS) 149

REFERÊNCIAS 153

1

FUNÇÕES DECLARADAS E NÃO DECLARADAS DA PENA

Paulatinamente, pessoas e mais pessoas são lançadas na fábrica de criminosos que se transformou o nosso atual sistema carcerário e que, segundo o Levantamento Nacional de Informações Penitenciárias (Infopen) realizado em 2016, contava com aproximadamente 726.712 mil pessoas condenadas.

A lei de execução penal retrata apenas as funções declaradas da pena, sendo a principal delas a ressocialização de quem lá está. Porém referida função da pena muitas vezes é deixada de lado.

Nesse momento entram em cena as funções não declaradas da pena, que segregam cada vez mais as pessoas que lá estão, seja por exclusão do convívio social, da política e do trabalho, ou por exclusão delas mesmas, que deixam de lado sua essência e seus valores para lá sobreviverem, aprendendo mais ainda sobre o crime e profissionalizando-se nesse ramo "democrático" e "acolhedor", pronto para receber mais indivíduos decepcionados com o sistema.

Como bem dizia Foucault em seu livro *Vigiar e punir*, o fracasso do sistema penitenciário nada mais representa que o seu sucesso.

Nilo Batista, em seu livro *Introdução crítica ao direito penal brasileiro* (1990), disse que:

> Sandoval Huertas organizou as funções não declaradas da pena privativa de liberdade em três níveis: a) o nível psicossocial (funções vindicativa e de cobertura ideológica); b) o nível econômico-social (funções de reprodução da criminalidade, controle coadjuvante de mercado de trabalho e reforço protetivo à propriedade privada); c) o nível político

(funções de manutenção do *stato quo*, controle sobre as classes sociais dominadas e controle de opositores políticos).

Esse material tem viés garantista, posto que visa à garantia de direitos de outrem, uma vez que cabe a todos a fiscalização das condições do cumprimento da pena de maneira justa e adequada.

Todo mundo já cometeu ou cometerá um crime na vida, pode ter certeza. A grande diferença é que cometemos crimes aceitos pela sociedade ou não fomos pegos cometendo-os.

É importante lembrar que a pena não deve servir como instrumento de vingança para reparar as celeumas emocionais causadas nas vítimas. Pelo contrário, ela tem o objetivo de ressocialização, para que o reeducando seja reinserido na sociedade de modo que não cometa mais delitos.

Esta obra objetiva, além de trazer conteúdo, aguçar a criticidade dos leitores, para SAÍREM do senso comum, acostumado a julgar, condenar, inquirir e excluir reeducandos.

2

EXECUÇÃO PENAL – APRESENTAÇÃO

Você já deve ter notado que o ser humano nasce, cresce, reproduz-se (ou não), paga seus boletos e morre. Esse é o ciclo da vida. Com a pena não é diferente, ela também tem um ciclo: o condenado inicia o cumprimento da sua reprimenda, progride de regime, chega ao livramento condicional e finda o cumprimento da sua reprimenda.

Na verdade, a execução penal trata-se da parte referente ao cumprimento da pena, não tendo transitado em julgado (execução provisória) ou já transitado (execução definitiva). Porém, por ser uma parte em que o reeducando já está condenado, ou seja, declarado culpado, é esquecida, pois, para muitos, não há mais nada a se fazer, e os segregados acabam não tendo a atenção devida. Além disso, fatores como cálculos penais complexos e subjetivos contribuem ainda mais para que essa fase seja tida como um bicho-papão. Contudo é uma das fases mais encantadoras, com ritos peculiares, institutos únicos, bem como direitos e garantias ao reeducando.

Aqui faço uma crítica ao nosso Direito Penal que, muitas vezes, na execução, almeja marginalizar, excluir e deixar de fora recuperandos, enquanto o papel da pena é totalmente diverso. Talvez isso ocorra em razão de o Direito Penal brasileiro em momento algum pensar na vítima que, muitas vezes, sentir-se-á saciada (vingada) por meio das funções não declaradas da pena.

Mais à frente falarei sobre as funções declaradas e não declaradas e seus impactos. Agora apenas levantarei as questões referentes à execução penal. E há muito a debater sobre progressão e regressão, remição, detração e interrupção, entre outras coisas inseridas no cálculo da pena, que não vemos nas aulas de Direito Penal ou de Execução.

Insta salientar que este livro traz diversas associações com a realidade, uma vez que a minha vivência foi levada em consideração em seu desenvolvimento. O intuito é que o leitor consiga manusear um processo executivo de pena, um atestado de pena, e entenda o que está contido, além de conseguir calcular as benesses e realizar as audiências, e além de sentir-se seguro para instruir devidamente seu cliente.

3

EXECUÇÃO PENAL E SEUS PRINCÍPIOS

- **Natureza Jurídica da Execução Penal**

Pelo fato de ora ser de natureza administrativa, ora possuir natureza jurídica, ou seja, existem partes que competem ao estabelecimento prisional e outras aos juizados, é que dizemos que a natureza da execução penal é mista.

3.1 PRINCIPAIS PRINCÍPIOS DA EXECUÇÃO PENAL

- **Princípio da humanidade da pena**

Mesmo após a sua condenação, o reeducando possui direitos a serem observados. Não são apenas números, tampouco objetos da execução penal, lembrando que na contemporaneidade existem decisões em que as penas cumpridas de maneira desumana poderão ser computadas em dobro (HC n.º 774763 / PE [2022/0312100-0 autuado em 28/09/2022]).

- **Princípio da legalidade**

O Código Penal, em seu artigo 1º, traz o princípio da legalidade quando aduz que não há crime sem lei anterior que o defina, tampouco haverá pena sem prévia cominação legal.

Esse princípio é fulcral na execução penal, fazendo com que as penas e o tratamento direcionado aos reeducandos sejam baseados na lei e não a bel-prazer dos operadores do Direito.

- **Princípio da jurisdicionalidade**

O juízo da execução penal é o responsável pela execução da pena e suas incidências. Cumpre-se destacar que esse juízo é independente, ou seja, ele depende apenas dele para dirimir essas situações, não tendo que recorrer ao juízo sentenciante.

- **Princípio do contraditório e da ampla defesa**

O processo executivo de pena sempre dará voz à defesa e ao Ministério Público, tendo o juiz que os ouvir antes da tomada de qualquer decisão, sob pena de nulidade, lembrando que o apenado também pode realizar pedidos dentro do processo executivo de pena.

- **Princípio da igualdade**

É proibida toda e qualquer discriminação independentemente de cor, raça, religião ou política (recordando que aqui trazemos o dever ser, pois, na realidade, sabemos que a desigualdade social em nosso país afeta as decisões e os tratamentos dos apenados).

E devemos nos lembrar, ainda, que a cela especial direcionada aos presos provisórios vale até o trânsito em julgado da condenação e, após isso, o recuperando cumprirá sua reprimenda em cela comum junto aos demais condenados.

- **Princípio da individualização das penas**

Um dos princípios mais utilizados na execução penal, haja vista que, por desinformação, maldade ou desinteresse, muitas pessoas cometem erros nos cálculos, por entenderem que a reincidência deva contaminar todas as frações, jogando de lado esse princípio fulcral, previsto no art. 5º, inciso XLVI, que diz que a individualização da pena deve ser adotada por nosso ordenamento jurídico.

3.2 TIPOS DE EXECUÇÃO

Execução provisória de pena privativa de liberdade

Na execução provisória o apenado ainda não teve o trânsito em julgado da condenação, ou seja, ainda existe a possibilidade de recurso, portanto existe apenas a sentença em primeira instância e recurso de pelo menos uma das partes.

Outro ponto importante na execução de pena provisoriamente é a manutenção do apenado em regime fechado ser requisito para o recurso. No capítulo relacionado à emissão de guia falarei melhor sobre esse tema.

- **Execução provisória de pena restritiva de direito**

A Lei de Execução Penal, em seu art. 147, veda a execução da pena restritiva de direito sem que haja seu trânsito em julgado.

- **Execução definitiva da pena**

O trânsito em julgado da sentença dá início ao cumprimento definitivo da pena, ensejando a emissão de guia definitiva em desfavor do recuperando.

4

GUIA DE RECOLHIMENTO

A guia de recolhimento nada mais é do que um título executório do Estado (um cheque sobre a condenação). Ela deve conter:

I. o nome do condenado;
II. a sua qualificação civil e o número do registro geral no órgão oficial de identificação;
III. o inteiro teor da denúncia e da sentença condenatória, bem como certidão do trânsito em julgado;
IV. a informação sobre os antecedentes e o grau de instrução;
V. a data do término da pena;
VI. outras peças do processo reputadas indispensáveis ao adequado tratamento penitenciário.

- **Trâmite processual**

Todo processo executivo de pena deve passar pela defesa (advogado ou defensor público) e pelo Ministério Público para que, então, o juiz profira a sua decisão.

- **Momento processual**

Entender o momento processual em que se está ajuda a definir qual petição deve ser utilizada. Por exemplo, o apenado acabou de ser condenado e já teve a guia emitida, portanto você estará no momento processual de conferência da guia, por isso deve manifestar ciência dela ou retificação.

- **Dois pedidos**

Nem sempre o processo chegará apenas para um pedido, logo fique atento, pois para agilizar o processo você pode realizar mais de um pedido na mesma petição. Por exemplo, se a guia chegou para ciência e o indivíduo foi condenado ao regime semiaberto, na mesma petição você já pode pedir a designação de uma audiência admonitória.

- **Clareza**

Toda petição, seja ela na execução penal ou em qualquer área do Direito, deve ser elaborada com coerência e coesão, para ser clara de forma que o juiz entenda o seu pedido. Ainda, evite um palavreado rebuscado ou desconhecido.

- **Objetividade**

Para fazer um pedido você não precisa demonstrar para o juiz o quanto entende sobre o assunto ou o quanto já leu sobre ele. Pelo contrário, basta mostrar o dispositivo legal que embasa seu pedido e que, de fato, ele faz jus àquele direito.

- **Erros**

Muitos advogados, ao realizarem um pedido, pecam por inserir coisas desnecessárias, floreando a petição com jurisprudências e textos legislativos imensos, poluindo o pedido e embaraçando as informações. De fato, existem momentos em que precisaremos trazer o texto da lei ou as jurisprudências, mas pedir não é um jogo de quem sabe mais.

Pense na petição como uma receita de bolo, que possui ingredientes e modo de fazer singular para se chegar a um determinado fim. Os ingredientes aqui são a lei, o caso concreto e o direito. Já o modo de fazer vem a seguir:

- **1º passo – Parágrafo legal**

No parágrafo legal você deve trazer o embasamento legal do direito pleiteado. Digamos que queira fazer um pedido de progressão. Então nesse primeiro parágrafo traga o que a lei fala sobre a progressão (do que se trata e requisitos). É importante lembrar que você deve escrever com suas palavras o que a lei traz, não copiar na íntegra o dispositivo legal.

O artigo 112 da LEP traz que "Art. 112. A pena privativa de liberdade será executada em forma progressiva com a transferência para regime menos rigoroso, a ser determinada pelo juiz, quando o preso tiver cumprido ao menos". Em outras palavras podemos apresentar que "A pena será cumprida de forma progressiva tendo o apenado o direito a ir para o regime menos gravoso, após o preenchimento de alguns requisitos".

OBSIMP: utilizei apenas como um exemplo. Mais à frente, na parte referente à progressão de regime, montarei devidamente o pedido completo.

- **2º passo – Parágrafo do caso concreto**

Agora você deve trazer o caso concreto para a sua petição com o intuito de demonstrar que ele faz jus ao direito que foi falado no parágrafo referente à parte legal – "Analisando os autos, observa-se que o apenado preencheu o requisito objetivo desde o dia tal, conforme o atestado de pena (seq. Tal), além disso, podemos ver que de acordo com o atestado de conduta carcerária o reeducando possui BOM comportamento".

- **3º passo – Pedido**

Esse é o momento de pedir, usando o que foi falado no primeiro e no segundo passo, ou seja, convença o juiz do direito que seu cliente tem com base nas informações elencadas.

"Assim sendo, restando devidamente preenchidos os requisitos objetivo e subjetivo, a defesa requer a progressão de regime do apenado para o semiaberto, nos termos do artigo 112 da LEP".

Esse é o caminho, os três passos muito importantes, que indico aos meus alunos para uma petição de sucesso. Ao longo do livro aprenderemos o que é cada petição e como devemos elaborá-las seguindo esses passos.

Vem comigo para essa viagem maravilhosa na execução penal!

5

MANIFESTAÇÃO DE CIÊNCIA OU PEDIDO DE RETIFICAÇÃO DE GUIA

Após ser devidamente emitida a guia de recolhimento, devem ser intimados a defesa e o *Parquet*. Nesse momento, ambos devem analisar a presente guia e caso esteja tudo certo, manifestar pela ciência da guia. Contudo, não estando em conformidade com os autos, deve ser solicitada a sua retificação.

- **Momento processual**

   Emissão da guia de recolhimento.

- **Do que se trata...**

A guia de recolhimento é um documento que traz as informações sobre o apenado e a reprimenda. O advogado ou o membro do Ministério Público é responsável por observar se nela constam as devidas informações. Caso não esteja, deve-se pedir a retificação; se estiver tudo em ordem, apenas manifestar ciência da referida.

- **1º passo – Seção legal**

   Os embasamentos legais da ciência e da retificação da guia são:

   Informações Guia

   > Art. 105. Transitando em julgado a sentença que aplicar pena privativa de liberdade, se o réu estiver ou vier a ser preso, o Juiz ordenará a expedição de guia de recolhimento para a execução. Art. 106. A guia de recolhimento, extraída pelo escrivão, que a rubricará em todas as folhas e a assinará com o Juiz, será remetida à autoridade administrativa incumbida da execução e conterá:

I - o nome do condenado;

II - a sua qualificação civil e o número do registro geral no órgão oficial de identificação;

III - o inteiro teor da denúncia e da sentença condenatória, bem como certidão do trânsito em julgado;

IV - a informação sobre os antecedentes e o grau de instrução;

V - a data da terminação da pena;

VI - outras peças do processo reputadas indispensáveis ao adequado tratamento penitenciário.

- **Transcrição**

"De acordo com o inciso III, do art. 106, da LEP, os dados referentes à sentença devem constar corretamente na guia de recolhimento do recuperando".

- **2º passo – Caso concreto**

Nesta seção é preciso demonstrar o motivo da ciência ou da retificação da guia de recolhimento. Acompanhe:

"Compulsando detidamente a guia de recolhimento do recuperando observa-se que a pena não está em consonância com a sentença, uma vez que o apenado foi condenado a reprimenda de 10 anos e 2 dias de reclusão, e não a 10 anos e 2 meses como lá se encontra".

- **3º passo – Pedido**

Esse é o momento do pedido, então agora é seu momento de brilhar.

"Assim sendo, a Defesa manifesta-se pela retificação da guia de recolhimento nos termos do inciso III, art. 106, da LEP, devendo constar a reprimenda de 10 anos e 2 dias do apenado".

Viu como é simples? Aguardo você no próximo capítulo.

6

GUIA PROVISÓRIA

A guia pode ser tanto definitiva quanto provisória, dependendo do trânsito em julgado da condenação. Nos casos em que apenas o apenado tenha recorrido, vislumbra-se que a pena não pode ser aumentada, apenas mantida ou diminuída.

Nesses casos, fazendo o apenado jus à progressão de regime, a emissão da guia provisória é medida de justiça.

- **Momento processual**

Possibilidade de progressão de regime do cliente que ainda não tem uma guia de recolhimento emitida.

- **Do que se trata...**

Nem sempre é interessante o apenado começar a cumprir a pena provisoriamente, exceto quando o recurso é exclusivamente da defesa (por isso a pena não poderá aumentar) e o recuperando já preencheu o requisito objetivo para a progressão de regime.

- **1º passo – Seção legal**

Os embasamentos legais da ciência e da retificação da guia são:

<u>Súmula 716 – STF</u>: "Admite-se a progressão de regime de cumprimento da pena ou a aplicação imediata de regime menos severo nela determinada, antes do trânsito em julgado da sentença condenatória".

- **Transcrição**

"Analisando a Súmula 716 do STF, observa-se que é admitida a emissão da guia provisória do apenado em duas situações, sendo a primeira para a progressão de regime do apenado e a segunda para a aplicação imediata de regime menos severo".

- **2º passo – Caso concreto**

Nesta seção demonstre a razão da emissão da guia provisória.

"No caso concreto observa-se que o apenado já faz jus a progressão de regime, haja vista que desde 05/05/2022 já teve o requisito objetivo preenchido, além disso, ostenta BOM comportamento carcerário (conforme fls. XX)".

- **3º passo – Pedido**

Esse é o momento do pedido, então agora é seu momento de brilhar.

"Deste modo, diante do preenchimento dos requisitos objetivo e subjetivo para a progressão para o regime semiaberto, pugna-se pela emissão da guia provisória do apenado nos termos da Súmula 716 do STF".

7

PRESCRIÇÃO E INTERRUPÇÃO

Neste capítulo abordarei a prescrição e a interrupção, uma vez que elas possuem um jeito semelhante de serem calculadas, em razão de seus institutos darem-se por meio da subtração de tempo entre duas datas.

Iniciarei pela interrupção e, posteriormente, falarei sobre a prescrição executória.

7.1 INTERRUPÇÃO

Quando o apenado deixa de cumprir a sua pena ele está causando uma interrupção em seu cumprimento, o que pode gerar uma regressão de regime ou não, dependendo da justificativa e do dia do magistrado (risos). Brincadeira à parte, a interrupção pode acontecer pelo descumprimento de uma das condições da pena ou pelo descumprimento de tudo o que foi imposto, como nos casos de fuga.

- **Interrupção durante a pandemia da Covid-19**

O reeducando que deixou de comparecer em virtude de o fórum estar fechado, não deve arcar com o ônus, por isso esse período deve ser computado como pena cumprida. Veja:

> AGRAVO EM EXECUÇÃO PENAL – UNIFICAÇÃO DE PENAS – SUSPENSÃO DO CUMPRIMENTO EM RAZÃO DA PANDEMIA DE COVID-19 – PRETENDIDO RECONHECIMENTO DO PERÍODO COMO PENA CUMPRIDA – IMPOSSIBILIDADE – APENADO QUE NÃO HAVIA INICIADO O CUMPRIMENTO DE PENA – AUSÊNCIA DE PREVISÃO LEGAL – AGRAVO

DESPROVIDO, EM CONSONÂNCIA COM O PARECER DA PGJ. Não há como reconhecer o período de suspensão das atividades forenses, em razão da pandemia de COVID-19, como pena efetivamente cumprida, vez, que antes da deflagração do cenário pandêmico o agravante não havia dado início ao cumprimento da pena, não estando obrigado a comparecer pessoalmente para justificar suas atividades. Ademais, inexiste previsão legal que considere o cumprimento ficto da pena, sendo necessário o efetivo cumprimento dela como instrumento de ressocialização e contraprestação em face da prática delitiva, para que assim, o apenado alcance o requisito necessário para a extinção da pena. (N.U 1019257-45.2022.8.11.0000, CÂMARAS ISOLADAS CRIMINAIS, RONDON BASSIL DOWER FILHO, Terceira Câmara Criminal, Julgado em 01/02/2023, Publicado no DJE 10/02/2023).

A interrupção não deve fazer com que se reinicie o computo da progressão, nunca se esqueça disso. Só é reiniciado se considerarem falta grave, tudo bem?

- **Calculando a interrupção**

Para calcularmos a interrupção utilizaremos a subtração entre datas, para descobrir quanto tempo se passou entre o dia em que o apenado iniciou o descumprimento até o dia em que ele voltou a cumprir a pena, ou até o dia do cálculo.

OBSIMP: em alguns casos de comparecimentos mensais, cada falta corresponderá ao desconto de um mês do cumprimento da pena.

- **Subtração entre datas**

Esse cálculo é utilizado para descobrir a interrupção, o tempo de pena já cumprido, se já ocorreu a prescrição executória e se o apenado tem direito a indulto e à comutação.

Passos:

1º passo → Verificar qual data é mais atual e qual é mais pretérita.

2º passo → Colocar a data mais atual em cima e a mais pretérita embaixo.

3º passo → Realizar a subtração sempre começando pelos dias, depois passe para os meses e, por fim, faça entre os anos.

4º passo → Deixar no formato Ano Mês e Dia.

Suponhamos que hoje fosse dia 10/02/2023 e que você tivesse iniciado o cumprimento da pena no dia 09/08/2015.

Você deverá primeiro utilizar a data mais próxima e usá-la como minuendo, mais conhecido como o número que vai em cima ☺.

Em seguida, coloque a data mais pretérita como o subtraendo, popularmente conhecida como o número que vai abaixo do minuendo. Ficará mais ou menos assim:

10 D / 02 M / 2023 A

-

09 D / 08 M / 2015 A

___

Lembre-se de colocar dia embaixo de dia, mês embaixo de mês e ano e de ano.

DD – MM – AAAA → (Minuendo)
DD – MM – AAAA → (Subtraendo)

Além disso, lembre-se também que 1 ano tem 12 meses, e que um 1 tem 30 dias tudo bem?

Isso será muito importante caso precise emprestar do número ao lado.

Primeiramente, sempre iniciaremos pelos dias, ok?

10 D / 02 M / 2023 A
-
09 D / 08 M / 2015 A

_____

01 D

Finalizada a subtração dos dias passe para os meses, lembrando que se você emprestar 1 ano, passa para o outro lado 12 meses:

10 D / 02 M / 2023 A
-
09 D / 08 M / 2015 A

_____

01 D

Nesse caso, o minuendo é menor que o subtraendo, então teremos que emprestar 1 ano de 2021, passando 12 meses para o outro lado. Vejamos:

(+12) (-1)
10 D / 02 M / 2023 A
-
09 D / 08 M / 2015 A

_____

01 D / 06 M /

Conseguiu entender? Eu emprestando um 1 para os 2 meses ficaram 14 meses. Com o minuendo maior do que o subtraendo ficou fácil de realizar a operação. Agora nos restou apenas a subtração dos anos.

(+12)   (-1)
10 D / 02 M / 2023 A
-
09 D / 08 M / 2015 A
_____
01 D / 06 M / 7 A

Como eu emprestei 1 ano, restou-me apenas 2020; sendo o minuendo maior do que o subtraendo, restaram apenas 5 anos.

Logo, realizando devidamente a subtração observa-se que foram cumpridos 7 anos, 6 meses e 1 dia de pena.

Faça isso para saber a sua idade no dia em que estiver realizando a leitura do livro. Faça a data do seu nascimento menos a data atual e veja quantos anos você tem.

7.2 PRESCRIÇÃO NA FASE DA EXECUÇÃO PENAL

Existem diversos tipos de prescrições ao longo do processo penal. Contudo neste livro abordarei apenas a prescrição executória, aquela que se dá na fase da execução da reprimenda.

- **Prescrição executória**

O Estado tem o direito de fazer com que o apenado cumpra a sua reprimenda, mas esse direito não é eterno, você sabia? Isso mesmo, esse tempo que o Estado tem é regulado pelos artigos 110 e 109 do CP. Caso o Estado não respeite esse tempo, ele perde o direito de punir e o reeducando não precisará mais cumpri-la.

- **Prescrição da pena de multa**

Existem duas vertentes no que diz respeito à prescrição da pena de multa, sendo a primeira voltada à tese da prescrição da pena de multa ser regulada pela reprimenda principal e a segunda diz que por ter caráter tributário sua regulamentação é nos termos de uma dívida cível (5 anos).

- **Cálculo da prescrição**

Aqui primeiro calcularemos a interrupção para depois olharmos se o prazo é maior ou menor ao estipulado pelo art. 109 do CP.

De acordo com o art. 112 do Código Penal, o termo inicial da prescrição após a sentença condenatória irrecorrível poderá ser:

> I - do dia em que transita em julgado a sentença condenatória, para a acusação, ou a que revoga a suspensão condicional da pena ou o livramento condicional;
>
> II - do dia em que se interrompe a execução, salvo quando o tempo da interrupção deva computar-se na pena.

Além disso, outro ponto importante a elencar é que a interrupção do computo, ou seja, o reinício da contagem do prazo da prescrição dá-se pelo início ou pela continuação do cumprimento da pena, nos termos do art. 117, v, do CP.

Em outras palavras, digamos que o apenado estava há 7 anos sem cumprir a pena e foi preso em razão de regressão de regime. Caso ele volte a descumprir a pena, o prazo será reiniciado de acordo com a pena restante, e não voltar a ser conta levando em consideração os 7 anos já foragido.

Suponhamos que chegou até você um cliente no dia 29/08/2022 que está foragido desde o dia 15/10/2017. Ele te informou que foi preso no dia 08/09/2013 e condenado a uma pena de 7 anos e 2 meses. E agora, José?

Em primeiro lugar, acalme-se. Na parte de interrupção já aprendemos a calcular o intervalo de tempo entre uma data e outra, né? Então utilizaremos esse método para saber quanto tempo de pena ele cumpriu.

Lembre-se de colocar dia embaixo de dia, mês embaixo de mês e ano embaixo de ano, e que a data mais atual ficará sempre em cima.

DD – MM – AAAA → (Minuendo)
DD – MM – AAAA → (Subtraendo)

15 / 10 / 2017
08 / 09 / 2013

―――――――――――
07D / 01M / 04A

Nota-se que o cliente cumpriu 4 anos, 1 mês e 7 dias.

Agora aprenderemos a subtração entre penas, utilizada para calcularmos o quanto de pena ainda falta para o cliente cumprir.

Lembre-se que a ordem deve ser dia/mês/ano ou ano/mês/dia, não importa. O que vale é você saber que o dia é embaixo do dia, mês embaixo do mês e ano embaixo do ano, e a pena maior na parte de cima e a menor na parte de baixo.

(-1) (+30)
07A - 02M - 00D
04A - 01M - 07D
―――――――――――
03A - 00M - 23D

Observe que onde não temos minuendo eu acrescentei o número 0 para facilitar o entendimento. Espero que quando realizar a mesma conta proceda dessa maneira.

Comece sempre pelos dias. Caso os dias da parte de cima seja um número menor que o de baixo, empreste dos meses, lembrando que 1 mês tem sempre 30 dias. Caso os meses de cima sejam menores, empreste dos anos, sendo que 1 ano tem 12 meses.

Agora que você encontrou a pena restante, 3 anos e 23 dias, vejamos qual o prazo para a prescrição de acordo com o art. 109 do Código Penal:

I - em vinte anos, se o máximo da pena é superior a doze;

II - em dezesseis anos, se o máximo da pena é superior a oito anos e não excede a doze;

III - em doze anos, se o máximo da pena é superior a quatro anos e não excede a oito;

IV - em oito anos, se o máximo da pena é superior a dois anos e não excede a quatro;

V - em quatro anos, se o máximo da pena é igual a um ano ou, sendo superior, não excede a dois;

VI - em 3 (três) anos, se o máximo da pena é inferior a 1 (um) ano.

Não se esqueça de que, se na época dos fatos, o apenado tinha menos do que 21 anos, ou na época da sentença ele tinha mais de 70 anos, o prazo é reduzido pela metade nos termos do art. 115 do Código Penal.

Estando a pena restante estabelecida em 3 anos e 23 dias, a pena prescreverá em 8 anos.

Agora você pode descobrir a data de prescrição somando os 8 anos a data da fuga.

15 / 10 / 2017
00 / 00 / 8A

---

15 / 10 / 2025

Essa é a data em que a pena prescreverá.

Para treinamento, crie você uma pena e um caso para descobrir a data da prescrição.

7.3 PETIÇÃO DE INTERRUPÇÃO OU PRESCRIÇÃO

Mãos à obra! Vamos fazer uma petição envolvendo a interrupção e a prescrição executória do apenado.

- **Momento processual**

Apenado descumprindo a pena.

OBSIMP: a prescrição da qual falaremos aqui é a executória.

- **Do que se trata...**

Fim do poder-dever do Estado de investigar e punir o apenado por aquele determinado fato, enquanto a interrupção nada mais é do que o período em que o apenado passa sem cumprir a reprimenda.

- **1º passo – Questão legal**

<u>Transcrição</u>

Observando o Código Penal podemos concluir que o poder-dever do Estado de punir o apenado vai de 3 até 20 anos, dependendo da quantidade da reprimenda existente após a condenação transitar em julgado, conforme art. 109, c.c 110.

- **2º passo – Caso concreto**

Esse é o momento de demonstrar que o tempo de descumprimento é maior do que o imposto pela lei para a prescrição. Veja:

"Analisando os autos observa-se que o apenado encontra-se foragido desde 2001, totalizando mais de 20 anos. Sabendo que sua pena prescreveria em 16 anos, a prescrição é medida de justiça".

- **3º passo – pedido**

Vá em frente e peça a extinção da punibilidade do apenado diante da prescrição executória:

Desta feita, a Defesa requer a extinção da punibilidade do apenado ante a prescrição executória, nos termos dos artigos 110 e 109 do CP.

OBSIMP: no pedido de interrupção realizado apenas será demonstrado o tempo de pena em que o recuperando está sem cumprir a reprimenda, devendo a parte dos pedidos ser direcionada a considerar o lapso temporal descumprido como interrupção nos cálculos.

8

DETRAÇÃO E REMIÇÃO

Neste capítulo abordaremos a remição junto à detração em razão do seu cálculo ser semelhante. Nele aprenderemos a diferença importantíssima entre considerá-las pena cumprida ou pena efetivamente cumprida.

8.1 DETRAÇÃO

A detração é o tempo que o reeducando passa preso provisoriamente (prisão preventiva, prisão temporária ou prisão em flagrante) antes da sentença.

Esse tempo preso provisoriamente é muito importante, uma vez que ele pode ser descontado da pena para fins de se determinar o regime inicial do cumprimento de pena, de acordo com o artigo 387, § 2º do Código de Processo Penal.

OBSIMP: nem sempre compensa a detração (pena cumprida x pena efetivamente cumprida). Se a detração não modificar o regime do cumprimento de pena, sugiro que não a insiram no cálculo.

- **Como assim, Danilo?**

Suponhamos que Pedrinho foi condenado a 8 anos e 2 meses de reclusão, em regime fechado, tendo ele permanecido preso provisoriamente 1 ano. O juiz realizará a detração e verá que a pena ficou em 7 anos e 2 meses, portanto abaixo de 8 anos, o que, de acordo com o artigo 83, § 2º do Código Penal, autoriza-o a determinar o regime semiaberto.

- **Mas e se o juiz não reconhecer?**

Cabe ao juiz da execução penal reconhecer a detração, nos termos do 63, inciso III, alínea c, da Lei de Execução Penal, lembrando que ele poderá determinar novo regime do cumprimento da pena caso o regime tenha sido determinado exclusivamente no quantum de pena; tendo outras circunstâncias agravantes, a detração da reprimenda não influenciará no regime de cumprimento da pena.

É importante lembrar também que a detração deve ser realizada na unificação das penas (artigo 111, da Lei de Execução Penal), ou seja, quando for somar as penas que o reeducando tem em seu desfavor, deve-se olhar se há pena a ser detraída para que, então, determine-se o regime inicial do cumprimento da pena.

Caso a detração ainda não tenha sido utilizada para a progressão do regime do recuperando, ela deve ser descontada da fração ou da porcentagem a ser cumprida no atual regime. Caso ela já tenha sido utilizada, deverá ser descontada do total de pena do reeducando para que depois seja computada a fração ou a porcentagem, porque senão fica um crédito, com o qual o ergastulado sempre progredirá de regime utilizando a detração que já lhe serviu anteriormente.

OBSIMP1: Detração pena de multa > A pena de multa é considerada dívida de valor, por isso não pode ser convertida em PPL.

OBSIMP2: Detração e prisão processual em outro processo > Condenação anterior à detração (será utilizada como pena cumprida); > Condenação posterior à detração (não pode ser considerada como pena cumprida por se tornar um "crédito" penal).

OBSIMP3: Detração e prisão domiciliar > O tempo de prisão domiciliar deve ser computado como detração, uma vez que restringiu a liberdade do sentenciado.

O cálculo de detração nada mais é do que uma subtração entre as datas, geralmente da prisão e da soltura, ou da prisão e da sentença/trânsito em julgado, ou do início e término do cumprimento da prisão domiciliar.

A subtração entre datas foi ensinada na seção anterior. Caso tenha dúvidas sobre como realizar o cálculo dê uma olhada no passo a passo. No meu canal (Danilo Gonçalves – Direito Penal) temos videoaulas sobre o tema.

8.2 PENA CUMPRIDA *VERSUS* PENA EFETIVAMENTE CUMPRIDA

O boletim n.º 12, do Superior Tribunal de Justiça, publicado em 14 de maio de 2014, sobre remição, trouxe uma importante informação sobre ela, que também deve ser utilizada para a detração. Vejamos:

O tempo remido pelo apenado por estudo ou por trabalho deve ser considerado como pena efetivamente cumprida para fins de obtenção dos benefícios da execução e não simplesmente como tempo a ser descontado do total da pena.

- **Como saber distinguir?**

A remição/detração é considerada como pena cumprida quando ela já foi utilizada em alguma progressão; por exemplo, o rapaz tinha 1 ano de remição/detração no regime fechado. Sabendo que ele está no semiaberto, essa remição/detração deverá ser considerada pena cumprida.

A pena efetivamente cumprida é toda remição/detração que não foi utilizada para progressão alguma. No caso anterior, na primeira progressão de regime, o rapaz usou a remição/detração como pena efetivamente cumprida.

- **Existe diferença entre elas?**

Sim. A pena cumprida é descontada do total da pena, e posteriormente é realizado o cálculo de progressão de regime, enquanto na pena efetivamente cumprida, primeiro é calculada a fração para depois ser feito o desconto da remição/detração.

8.3 PEDIDO DE DETRAÇÃO

Esse é momento destinado a realizar o seu pedido de detração utilizando os ensinamentos e dicas alhures.

- **Momento processual**

1. Análise da guia de recolhimento do apenado.
2. Análise do cálculo.
3. Análise do processo.

- **Do que se trata...**

A detração é o período em que o condenado cumpre a pena provisoriamente, ou seja, antes de possuir uma condenação transitada em julgado.

Neste livro divido a detração em duas ocasiões processuais.

- **1º situação** > Detração realizada na sentença > Essa situação realizada pelos magistrados apenas será bem-vinda caso o apenado tenha o regime do cumprimento de pena modificado. Caso contrário, peça para que ela não seja inserida no atestado de pena por não alterar em nada. Longe disso, ainda gerará uma nova data base, prejudicando o cálculo do reeducando.

- **2º situação** > Detração não realizada na sentença > Essa situação ocorre quando o recuperando permanece um período preso e posteriormente é condenado a um regime que não é o fechado (sempre benéfica). Nesse caso, a detração deverá ser computada como pena efetivamente cumprida, ou seja, ser descontada da fração de progressão.

- **Maneiras de serem computadas no cálculo**

Terminados os apontamentos sobre as situações processuais, é importante dizer sobre duas maneiras em que a detração poderá ser realizada no atestado de pena. Veja:

- **Pena efetivamente cumprida** > Calculo a fração de progressão de regime e depois desconto a detração.
- **Pena cumprida** > Desconto a detração da pena cumprida e depois calculo a fração da progressão de regime.

Como dito no capítulo introdutório, a nossa petição de sucesso será dividida em três partes/seções, sendo a legal, a do caso concreto e a do pedido. Vamos lá.

- **1º passo - Seção legal**

Os embasamentos legais da detração são:

Código de Processo Penal

> Art. 387. O juiz, ao proferir sentença condenatória:
>
> § 2º O tempo de prisão provisória, de prisão administrativa ou de internação, no Brasil ou no estrangeiro, será computado para fins de determinação do regime inicial de pena privativa de liberdade.

Código Penal

> Art. 42 - Computam-se, na pena privativa de liberdade e na medida de segurança, o tempo de prisão provisória, no Brasil ou no estrangeiro, o de prisão administrativa e o de internação em qualquer dos estabelecimentos referidos no artigo anterior.

Nessa primeira sessão basta trazer a lei escrita com suas próprias palavras. Não vale simplesmente copiar e colar. Veja:

Transcrição

Pois bem, de acordo com os artigos 44 do CP, e 387, § 2º do CPP, o juiz deve considerar o período em que o condenado passou preso provisoriamente no Brasil ou no estrangeiro, para determinar regime do cumprimento de pena.

- **2º passo - Caso concreto**

Nesta seção deve-se demonstrar o motivo de o cliente fazer jus à detração:

Modelo 01 > No caso concreto, observa-se que o apenado ficou preso entre os dias tal e tal, fazendo jus a tantos dias de detração, que ao serem descontados da pena farão com que o reeducando inicie o cumprimento da reprimenda no semiaberto.

Modelo 02 > No caso concreto, observa-se que o apenado ficou preso entre os dias tal e tal, fazendo jus a tantos dias de detração, que não constam no processo.

- **3º passo - Pedido**

Agora peça: vai que é tua Taffarel!!!!!!!!!!!!!!!!!!

Assim sendo

ou

Desta feita

ou

Diante dos fatos

ou

De acordo com o exposto, a defesa manifesta-se pela detração de tantos dias, nos termos do art. 42 do CP e §2º, e art. 387 do CPP.

8.4 REMIÇÃO

A nossa remição aqui na execução penal não tem dois "s" porque quem perdoa é Deus. Aqui você paga suas dívidas. Brincadeira à parte, a remição, com "ç" tem como sinônimo quitação, ou seja, quitar a pena. Essa quitação pode ser realizada mediante estudos, trabalho, confecção de artesanato e leitura de livros, e podem ser realizadas sem mesmo que o recuperando tenha uma condenação.

Com relação aos estudos, alguns estabelecimentos penais ofertam aulas regulares, projetos sociais de leitura ou de aprendizagem, nos quais os reeducandos realizam as atividades escolares. Essas atividades têm certa carga horária, utilizada para o cômputo dos dias a serem remidos, na proporção de 1 dia de remição para cada 12 horas de aula.

É importante lembrar que os recuperandos do semiaberto também podem estudar e remir suas penas, e caso terminem o ensino fundamental ou o médio, ou um curso superior (durante o cumprimento da pena), além dos dias remidos em razão da carga horária de aula, aumenta-se em 1/3.

- **Como assim, Danilo?**

Suponhamos que você cursou o ensino médio todo durante o semiaberto, fazendo jus a 300 dias de remição por ter concluído essa etapa. Então ganhará mais 100 dias, totalizando 400 dias a serem remidos. Olha que bacana!

Além da remição por estudos temos a remição por trabalho. Durante a sua permanência em algum estabelecimento o indivíduo trabalha, sendo descontados da pena esses dias trabalhados, na seguinte proporção: 3 dias trabalhados desconta 1 dia do total da pena.

É importante lembrar que o trabalho externo é entendido como o trabalho além da unidade prisional, realizado a serviço do Estado. Portanto se um recuperando trabalha com carteira assinada em algum local, esse trabalho não é computado para fins de remição, pois ele está apenas cumprindo o seu dever legal.

Além dessas duas formas, existem as remições em razão da leitura de livros, na qual os reeducandos pegam um livro para ler em 22 ou até 30 dias. Ao finalizar, ele deve realizar uma resenha sobre o livro, que será avaliada por uma comissão. Passando por essa comissão, cada obra lida corresponde a 4 dias de remição.

- **Mas Danilo, quantos livros ele pode ler por ano?**

O máximo de livros que o recuperando pode ler anualmente é 12 livros, chegando a 48 dias de remição.

E, por fim, há a remição pela confecção de artesanatos, que vão desde tapetes, a bonés e brinquedos, entre outros artesanatos, realizados durante a estadia no estabelecimento prisional. Não há uma proporção exata, mas o diretor do estabelecimento manda uma planilha na qual ele valora os artesanatos com os dias a serem remidos.

É importante lembrar que essas remições servem para diminuir o tempo de prisão no atual regime ou para descontar do total da pena caso já tenham sido utilizadas para pretéritas progressões.

- **Danilo, eu posso acumular as remições de diversos tipos?**

Claro que sim. A LEP aduz que desde que elas sejam compatíveis em seus horários, o reeducando pode acumulá-las.

- **Mas quem pede as remições?**

O diretor do estabelecimento prisional emite as planilhas de remição e tanto a Defensoria Pública quanto o Ministério Público podem requerer a declaração das remições, ficando a cargo do juiz da execução penal declará-las.

- **Remição por estudo**

A remição por estudo será de 1 dia para cada 12 horas de estudo, podendo ser no máximo 4 horas por dia.

Esse tipo de remição pode ocorrer em todos os regimes, inclusive durante o cumprimento do livramento condicional, sendo aceita tanto em cursos on-line quanto presenciais.

OBSIMP: concluindo a etapa do estudo, o apenado ganha mais 1/3 da remição, ou seja, se o apenado tem direito a 300 dias de remição em razão do término do ensino superior, ao todo ele fará jus a 400 dias, posto que devemos acrescer 100 dias, equivalentes a 1/3 por causa do seu término.

- **Remição por leitura**

A remição por leitura pode parecer à de estudo, contudo elas em nada são semelhantes; ao contrário, enquanto na de estudo não há óbice quanto ao regime, a remição por leitura é feita sob a supervisão do Estado. Portanto nos locais que não possuem estrutura de regime semiaberto, aberto e livramento condicional, ela torna-se impossível.

A referida remição será de 4 dias a cada livro fichado, lembrando que o fichamento deve ser aprovado pela comissão responsável pelo estabelecimento penal, podendo ser no máximo 12 livros lidos por ano.

- **Remição por trabalho**

A Lei de Execução Penal elenca que ao preso provisório é facultado o trabalho, enquanto o preso definitivo (com condenação transitada em julgado) tem a obrigação de trabalhar durante o cumprimento da reprimenda.

O apenado tem direito a 1 dia de remição a cada 3 dias trabalhados. É importante frisar que o trabalho interno carece de requisito objetivo, e o trabalho extramuros tem como requisito objetivo o cumprimento de 1/6 da pena.

OBSIMP: existe a possibilidade de acumular a remição por trabalho, com a remição por estudo e a remição por leitura? Entendemos que sim desde que os horários sejam compatíveis.

- **Remição ficta**

Existem doutrinadores que elencam que em razão da ausência de estrutura estatal surge-se a remição ficta, que nada mais é do que atribuir dias de remição aos apenados que não conseguem desenvolver atividades laborais durante o cumprimento da sua reprimenda no regime fechado.

Apesar de respeitar as brilhantes elucidações, este livro discorda da referida remição ficta nesses casos, uma vez que nem do lado de fora se tem emprego para todos e todas, quiçá nos presídios e cadeias.

Porém ressalto que existe um tipo de remição ficta que corroboro, aquela causada por acidente de trabalho. Ora, imaginemos que um apenado que trabalha na confecção de blocos de cimento quebra o braço na realização de alguma atividade laborativa, ficando aproximadamente 2 meses afastado de suas atividades. Nesse caso é medida de justiça que esse período em que ele ficou impossibilitado de trabalhar seja considerado como remição ficta.

- **Perda de dias remidos**

O cometimento de falta grave durante o cumprimento da reprimenda acarreta a perda de até 1/3 das remições adquiridas até a data do cometimento da falta grave.

Sobre essa afirmação é importante extrair duas coisas. A primeira delas é que 1/3 é a fração máxima, portanto, poderá ser 1/4, 1/5, 1/6 e outras frações. Caso o magistrado entenda pelo máximo, a decisão deverá ser fundamentada.

Outro ponto importante diz respeito ao quanto de remição a ser descontado, pois somente terão o desconto as remições realizadas até o dia do cometimento da falta grave. As posteriores à falta grave não sofrerão qualquer alteração.

- **Danilo, como funciona quando o cálculo der números quebrados? Exemplo: 21,33 dias de remição**

Sempre arredonde para cima, ou seja, nesse exemplo o apenado fará jus a 22 dias de remição.

8.5 PEDIDO DE DECLARAÇÃO DE REMIÇÃO

Apesar de ter estudado, lido e trabalhado, a remição somente terá validade após a sua declaração, por isso é fulcral um bom pedido de declaração de remição.

- **Momento processual**

Análise de planilha de remição ou de certificado de estudo.

- **Do que se trata...**

1ª situação > Remição por trabalho > Antes de pedida, a remição por trabalho deve ser transformada, ou seja, cada dia remido é dado por 3 dias trabalhados.

Se Macleidison trabalhou 33 dias, ele fará jus a 11 dias de remição e não 33. Por favor, nunca se esqueça desse detalhe.

2ª situação > Remição por estudo > Assim como a por trabalho, a remição por estudo deve ser transformada antes de ser pedida. Cada dia remido é dado por 12 horas estudadas.

Se Waltoelson estudou 156 horas, ele fará jus a 13 dias de remição e não 156 dias. Guardem isso no coração.

3ª situação > Remição por leitura > A remição por leitura também deve ser transformada, sendo 4 dias remidos por cada livro lido.

Se Valdirene leu 11 livros, ela fará jus a 44 dias de remição. Por favor, também nunca se esqueça desse detalhe.

Terminados os apontamentos sobre as situações processuais, é importante falar sobre duas maneiras em que a detração pode ser realizada no atestado de pena. Veja:

Pena efetivamente cumprida > Calcula-se a fração de progressão de regime e posteriormente desconta-se a detração.

Pena cumprida > Desconta-se a detração da pena cumprida e depois calcula-se a fração da progressão de regime.

Como dito no capítulo introdutório, a nossa petição de sucesso será dividida em três partes/seções, sendo a legal, a do caso concreto e a do pedido. Vamos lá.

- **1º passo – Seção legal**

Os embasamentos legais da remição são:

- **Parte geral**

Lei de Execução Penal

> Art. 126 da LEP
> § 3 Para fins de cumulação dos casos de remição, as horas diárias de trabalho e de estudo serão definidas de forma a se compatibilizarem

§ 4º O preso impossibilitado, por acidente, de prosseguir no trabalho ou nos estudos continuará a beneficiar-se com a remição

§ 6º O condenado que cumpre pena em regime aberto ou semiaberto e o que usufrui liberdade condicional poderão remir, pela frequência a curso de ensino regular ou de educação profissional, parte do tempo de execução da pena ou do período de prova, observado o disposto no inciso I do § 1º deste artigo.

§ 7º O disposto neste artigo aplica-se às hipóteses de prisão cautelar.

§ 8º A remição será declarada pelo juiz da execução, ouvidos o Ministério Público e a defesa.

Art. 127 da LEP

Em caso de falta grave, o juiz poderá revogar até 1/3 (um terço) do tempo remido, observado o disposto no art. 57, recomeçando a contagem a partir da data da infração disciplinar.

Art. 128 da LEP

O tempo remido será computado como pena cumprida, para todos os efeitos.

- **Estudo**

Art. 126 LEP

§ 1º A contagem de tempo referida no caput será feita à razão de:

I - 1 (um) dia de pena a cada 12 (doze) horas de frequência escolar - atividade de ensino fundamental, médio, inclusive profissionalizante, ou superior, ou ainda de requalificação profissional - divididas, no mínimo, em 3 (três) dias.

§ 2º As atividades de estudo a que se refere o § 1º deste artigo poderão ser desenvolvidas de forma presencial ou por metodologia de ensino a distância e deverão ser certificadas pelas autoridades educacionais competentes dos cursos frequentados.

§ 5° O tempo a remir em função das horas de estudo será acrescido de 1/3 (um terço) no caso de conclusão do ensino fundamental, médio ou superior durante o cumprimento da pena, desde que certificada pelo órgão competente do sistema de educação.

Resolução Nº 391 de 10/05/2021

Art. 3° O reconhecimento do direito à remição de pena pela participação em atividades de educação escolar considerará o número de horas correspondente à efetiva participação da pessoa privada de liberdade nas atividades educacionais, independentemente de aproveitamento, exceto, quanto ao último aspecto, quando a pessoa tiver sido autorizada a estudar fora da unidade de privação de liberdade, hipótese em que terá de comprovar, mensalmente, por meio da autoridade educacional competente, a frequência e o aproveitamento escolar.

Parágrafo único. Em caso de a pessoa privada de liberdade não estar vinculada a atividades regulares de ensino no interior da unidade e realizar estudos por conta própria, ou com acompanhamento pedagógico não-escolar, logrando, com isso, obter aprovação nos exames que certificam a conclusão do ensino fundamental ou médio (Encceja ou outros) e aprovação no Exame Nacional do Ensino Médio - Enem, será considerada como base de cálculo para fins de cômputo das horas visando à remição da pena 50% (cinquenta por cento) da carga horária definida legalmente para cada nível de ensino, fundamental ou médio, no montante de 1.600 (mil e seiscentas) horas para os anos finais do ensino fundamental e 1.200 (mil e duzentas) horas para o ensino médio ou educação profissional técnica de nível médio, conforme o art. 4º da Resolução no 03/2010 do Conselho Nacional de Educação, acrescida de 1/3 (um terço) por conclusão de nível de educação, a fim de se dar plena aplicação ao disposto no art. 126, § 5°, da LEP.

- **Trabalho**

  Art. 126. LEP
  § 1º A contagem de tempo referida no caput será feita à razão de:
  II - 1 (um) dia de pena a cada 3 (três) dias de trabalho.

- **Leitura**

  Resolução Nº 391 de 10/05/2021
  Art. 1° Estabelecer procedimentos e diretrizes a serem observados pelo Poder Judiciário para o reconhecimento do direito à remição de pena por meio de práticas sociais educativas em unidades de privação de liberdade.

  Art. 5° Terão direito à remição de pena pela leitura as pessoas privadas de liberdade que comprovarem a leitura de qualquer obra literária, independentemente de participação em projetos ou de lista prévia de títulos autorizados, considerando-se que:

  V – para cada obra lida corresponderá a remição de 4 (quatro) dias de pena, limitando-se, no prazo de 12 (doze) meses, a até 12 (doze) obras efetivamente lidas e avaliadas e assegurando-se a possibilidade de remir até 48 (quarenta e oito) dias a cada período de 12 (doze) meses.

Nessa primeira sessão, leve a lei escrita com suas próprias palavras. Não vale simplesmente copiar e colar. Veja:

Transcrição

A Lei de Execução Penal, em seu artigo 126, § 1º, inciso I, prevê a remição por estudo, na medida em que a cada 12 horas estudadas o apenado fará jus a 1 dia de remição.

- **2º passo – Caso concreto**

Nesta seção devemos demonstrar o motivo de o cliente fazer jus à remição:

No caso concreto observa-se que em planilha de fls. XX, o recuperando estudou 120 horas, por isso faz jus a 10 dias de remição.

- **3º passo – Pedido**

Esse é o momento do pedido, então agora é seu momento de brilhar.

"Diante dos fatos, a defesa requer sejam declarados 10 (dez) dias de remição do reeducando ante a planilha de fls. XX, nos termos do art. 126, §1°, inciso I, da LEP".

Fim :D

9

TRANSFERÊNCIA ENTRE COMARCAS

Neste capítulo veremos o processo de transferência e em quais hipóteses ela pode ocorrer, lembrando que esse direito é fundamental para a ressocialização dos apenados e apenadas.

9.1 DO DIREITO A CUMPRIR A REPRIMENDA EM LOCAL QUE FACILITE A RESSOCIALIZAÇÃO DO APENADO

Quando falamos em transferência entre os estabelecimentos penais, na execução ela tem dois principais interesses. Primeiramente, o principal, é o da administração pública. Além desse há interesse do reeducando, seja pelo convívio familiar, seja pelo trabalho. Enfim, são essas algumas justificativas plausíveis.

E no que diz respeito ao interesse da administração pública, cabe a ela deliberar se poderá receber o apenado ou se ele será enviado a outro local. Isso porque, muitas vezes, as penitenciárias/cadeias estão superlotadas e não permitem a chegada de mais recuperandos. Mas em algumas ocasiões, quando há risco de brigas ou de morte na outra comarca, elas os recebem mesmo assim, pois a vida deve estar sempre acima de qualquer interesse. Além disso, a convivência familiar e a ressocialização do segregado também são fatores a serem levados em consideração nas transferências.

O atual sistema carcerário é composto em sua maioria por pessoas hipossuficientes, que não possuem condições financeiras sequer de suprirem suas necessidades básicas, tendo que, muitas vezes, serem ajudadas por seus próximos, seja amigos ou parentes. E quando essas pessoas moram longe, isso complica ainda mais a estadia dos recuperandos durante o cumprimento da pena, por isso é de suma importância a reprimenda acompanhar o reeducando em sua moradia.

É certo que isso ocorre mais no regime fechado, pois ante a ausência de infraestrutura do nosso sistema penitenciário, quando inseridos no semiaberto ou no aberto, a transferência independerá de anuência do juízo, uma vez que o cumprimento da reprimenda não necessariamente será em algum estabelecimento prisional, ficando apenas para cumprir as condições impostas em nova audiência admonitória.

Como já dito na parte de progressão, a audiência admonitória é uma audiência que estabelece as condições de cumprimento de pena na comarca que recebe o seu executivo de pena, e é por meio dela que se conhece as regras para o cumprimento do novo regime. Assim, é de suma importância a sua realização quando houver a remessa dos autos nos regimes semiaberto/aberto, pois, às vezes, a forma de se cumprir a pena em uma comarca pode divergir da outra.

É fundamental lembrar que ao chegar à nova comarca, o reeducando deverá comparecer ao fórum e continuar o cumprimento da pena da maneira como cumpria antes, para não correr o risco de ter decretada sua regressão cautelar, pois, algumas vezes, a audiência admonitória demora a ser realizada. E enquanto ela não é realizada, pode o Fórum estabelecer algumas condições para que não fique aquele tempo todo sem computar como cumprimento da pena.

Algumas vezes temos conflitos de interesse entre a convivência familiar e ressocialização versus interesse da administração no regime fechado, fazendo com que o reeducando seja transferido de pronto pelo estabelecimento penal ou não seja recebido em outro estabelecimento.

Em regra, a solicitação de transferência pode partir do Ministério Público ou da Defensoria Pública, mas às vezes o juízo da execução penal age de ofício, principalmente quando há riscos de mortes ou de rebelião, uma vez que não há tempo de cientificar os dois órgãos supracitados, prevalecendo o interesse da administração nesses casos.

É salutar a comprovação de novo emprego e convívio familiar para a solicitação da transferência do executivo. E nada o impedirá de retornar para outra comarca ou ir para uma nova, pois não há um período de "carência" para se solicitar nova transferência.

De acordo com o artigo 65 da Lei de Execução Penal, "a execução penal competirá ao Juiz indicado na lei local de organização judiciária e, na sua ausência, ao da sentença".

Assim sendo, o processo executivo de pena deverá ser cumprido onde o condenado estiver.

É importante salientar que o artigo 87 do mesmo códex informa: "As penas privativas de liberdade aplicadas pela Justiça de uma Unidade Federativa podem ser executadas em outra unidade, em estabelecimento local ou da União". Nesses termos, o condenado poderá cumprir a pena em outra localidade, mas essa mudança deverá ocorrer levando-se em consideração as especificidades do cargo e o interesse da ADMINISTRAÇÃO pública.

Existem decisões JURISPRUDENCIAIS que vão ao encontro do pensamento de privilegiar a ressocialização por meio do convívio familiar. Veja:

> Pena - Cumprimento - Transferência de preso - Natureza. Tanto quanto possível, incumbe ao Estado adotar medidas preparatórias ao retorno do condenado ao convívio social. Os valores humanos fulminam os enfoques segregacionistas. A ordem jurídica em vigor consagra o direito do preso de ser transferido para local em que possua raízes, visando à indispensável assistência pelos familiares. Os óbices ao acolhimento do pleito devem ser inafastáveis e exsurgir ao primeiro exame, consideradas as precárias condições do sistema carcerário pátrio. Eficácia do disposto nos artigos 1.º e 86 da Lei de Execução Penal - Lei n.º 7.210/84 - Precedentes: HC 62.411 - DF, julgado na Segunda Turma, relatado pelo Ministro ALDIR PASSARINHO, tendo sido o acórdão publicado na Revista Trimestral de Jurisprudência n.º 113, à página 1.049. (JSTF 190/395-6).

É importante lembrar que o pedido de transferência entre comarcas é diferente do de remessa os autos, uma vez que na transferência o apenado ainda não foi para a comarca que almeja. Na remessa o condenado já está na comarca que almejava e pede para o processo ir para lá.

Na transferência entre as comarcas de estados diferentes depende-se da anuência da comarca que estará recebendo o apenado. E quando ocorrida no mesmo estado também há essa dependência, contudo existem estados que, dependendo do regime de cumprimento de pena, a anuência não apresentará óbice à transferência.
Legislação sugerida > Lei n.º 11.671/2008.

9.2 PEDIDO DE TRANSFERÊNCIA ENTRE COMARCAS

Antes de tudo é importante elencar que muitas vezes esse pedido deverá ser juntado no processo executivo de pena da comarca em que o apenado está cumprindo a reprimenda, porém quando o juiz não distribui o processo para a anuência da comarca que receberá o reeducando, esse pedido deverá ser realizado pelo advogado, no sistema SEEU, solicitando anuência para o cumprimento da reprimenda no novo local.

A petição será a mesma, mudando apenas o pedido, que, nessa segunda hipótese, será de anuência do juízo e não o de transferência entre comarcas.

- **Momento processual**

Reeducando com vontade de cumprir a reprimenda em outra comarca.

- **Do que se trata...**

Do pedido para o apenado cumprir a pena em outra localidade.

- **1º passo – Questão legal**

O artigo 65 da Lei de Execução Penal: "A execução penal competirá ao Juiz indicado na lei local de organização judiciária e, na sua ausência, ao da sentença".

O artigo 87 do mesmo códex informa: "As penas privativas de liberdade aplicadas pela Justiça de uma Unidade Federativa podem ser executadas em outra unidade, em estabelecimento local ou da União".

Transcrição

A Lei da Execução Penal aduz que o apenado pode cumprir a reprimenda em outra unidade local ou da União.

- **2º passo – Caso concreto**

Aponte a razão de o apenado mudar a comarca do cumprimento da pena.

Observa-se que o apenado, apesar de ser preso na Comarca X, não tem familiares naquela cidade, ficando impossibilitado do convívio familiar e, consequentemente, prejudicando a sua ressocialização.

OBSIMP: pode apelar pra emoção (risos). Toque o coração gelado da promotoria e acalente o coração do juiz. Aqui é o suprassumo da sua petição.

- **3º passo – Pedido**

Agora que já deu seu show particular, feche com um pedido bacana.

Desta feita, a defesa pugna pela transferência do apenado para a Comarca X, nos termos do art. 86 da LEP.

10

TRATAMENTO DE SAÚDE DO REEDUCANDO

Ao privar a liberdade das pessoas, o Estado assume, por meio desse ato, obrigações a serem cumpridas, como a prestação de alimentação, tratamentos de saúde e odontológico. Neste capítulo veremos como exigir os direitos à saúde quando ceifados no cárcere.

10.1 ESTADO, O "PAI" DOS ERGASTULADOS

De acordo com o art. 14 da Lei de Execução Penal, a "assistência à saúde do preso e do internado de caráter preventivo e curativo, compreenderá atendimento médico, farmacêutico e odontológico". Já nos termos do parágrafo 2º do mesmo artigo, quando "o estabelecimento penal não estiver aparelhado para prover a assistência médica necessária, esta será prestada em outro local, mediante autorização da direção do estabelecimento".

Em outras palavras, quando o Estado restringe a liberdade de alguém, ele tem obrigações a cumprir. E como se o apenado se tornasse um filho do Estado por estar sob seus cuidados, portanto, a qualquer sinal de problemas de saúde corra atrás do atendimento do seu cliente.

10.2 PEDIDO DE TRATAMENTO DE SAÚDE

Agora vejamos como realizar um pedido para tratamento de saúde dentro ou fora da penitenciária caso o seu cliente esteja enfrentando problemas de saúde no estabelecimento penal.

- **Momento processual**

   Apenado com problemas de saúde, sejam eles graves ou não.

- **Do que se trata...**

   Pedir à unidade penitenciaria o tratamento adequado ao cliente que está apresentando problemas de saúde.

- **1º passo – Questão legal**

   > Art. 14. A assistência à saúde do preso e do internado de caráter preventivo e curativo, compreenderá atendimento médico, farmacêutico e odontológico.
   >
   > § 2º Quando o estabelecimento penal não estiver aparelhado para prover a assistência médica necessária, esta será prestada em outro local, mediante autorização da direção do estabelecimento.

   Transcrição

   Analisando a Lei da Execução Penal, em especial seu art. 14, observa-se que o condenado tem direito à assistência à saúde, tanto a atendimento médico quanto farmacêutico e odontológico.

- **2º passo – Caso concreto**

   Aqui você deverá narrar o que está acontecendo com o apenado para que ele tenha o devido atendimento. É importante relatar detalhadamente, se possível até juntar registros (fotos) sobre o caso:

   Durante o atendimento ao apenado na unidade prisional, constatou-se que ele está com dores nos rins desde o mês passado e necessita de atendimento médico.

- **3º passo – Pedido**

   Esse é o momento de pedir o tratamento de saúde para o seu cliente:

   Assim sendo, a Defesa solicita atendimento médico para o apenado, nos termos do art. 14 da LEP.

OBSIMP: é importante lembrar que se a unidade prisional não contar com setor responsável, o Estado é obrigado a fornecer tratamento médico em outro local. Então você pode pedir para que o atendimento seja no estabelecimento em que ele estiver ou em lugar externo.

10.3 PEDIDO DE RECOLHIMENTO DOMICILIAR

O recolhimento domiciliar é o direito do apenado de cumprir a reprimenda em seu domicílio por ter mais de 70 anos, estar/ser acometido de doença grave, ter filho menor ou deficiente físico/mental, ou estar gestante.

É importante elencar o ROL DE DOENÇAS GRAVES de acordo com a Lei n.º 7.713/88 (rol volátil, podendo ser mudada de acordo com o entendimento da instituição reguladora):

- AIDS (Síndrome da Imunodeficiência Adquirida).
- Alienação mental.
- Cardiopatia grave.
- Cegueira (inclusive monocular).
- Contaminação por radiação.
- Doença de Paget em estados avançados (Osteíte Deformante).
- Doença de Parkinson.
- Esclerose múltipla.
- Espondiloartrose anquilosante.
- Fibrose cística (Mucoviscidose).
- Hanseníase.
- Nefropatia grave.
- Hepatopatia grave.
- Neoplasia maligna (câncer).
- Paralisia irreversível e incapacitante.
- Tuberculose ativa.

Existem casos em que o apenado está no regime domiciliar e comete novo crime. E, aí, posso pedir novamente? Sim, você pode pedir o regime domiciliar quantas vezes forem necessárias desde que o apenado enquadre-se em uma das quatro hipóteses supramencionadas.

OBSIMP: é importante lembrá-los que o pedido pode ser realizado independentemente do regime de cumprimento de pena do reeducando.

- **Momento processual**

    I. condenado maior de 70 anos;

    II. condenado acometido de doença grave;

    III. condenada com filho menor ou deficiente físico ou mental. **(os tribunais entendem pela possibilidade de concessão para o condenado também que seja o único responsável pelo filho)**;

    IV. condenada gestante.

- **Do que se trata...**

O recolhimento domiciliar é o cumprimento da pena em sua residência em razão dos motivos supracitados.

- **1º passo – Questão legal**

    > Art. 117 de LEP. Somente se admitirá o recolhimento do beneficiário de regime aberto em residência particular quando se tratar de:
    > I - condenado maior de 70 (setenta) anos;
    > II - condenado acometido de doença grave;
    > III - condenada com filho menor ou deficiente físico ou mental;
    > IV - condenada gestante.

- **Jurisprudência**

> HABEAS CORPUS. IMPETRAÇÃO SUBSTITUTIVA DE RECURSO PRÓPRIO. IMPROPRIEDADE DA VIA ELEITA. REGIME INICIAL SEMIABERTO. EXPEDIÇÃO DE MANDADO DE PRISÃO. NECESSIDADE DE RECOLHIMENTO PRÉVIO DO PACIENTE À PRISÃO. DOENÇA GRAVE. PRISÃO DOMICILIAR. AUSÊNCIA DE VAGAS. ILEGALIDADE. INEXISTÊNCIA. WRIT NÃO CONHECIDO. 1. Tratando-se de habeas corpus substitutivo do recurso próprio, inviável o seu conhecimento. 2. Não há como se pleitear benefícios que podem ser obtidos durante o cumprimento da pena se essa sequer se iniciou. In casu, não há, nos autos, nenhum documento comprobatório de que o paciente foi ou será recolhido em regime mais gravoso por falta de vagas no regime estabelecido na condenação. 3. A jurisprudência tem admitido a concessão da prisão domiciliar aos condenados que se encontram em regime semiaberto e fechado. Em situações excepcionalíssimas, como no caso de portadores de doença grave, desde que comprovada a impossibilidade da assistência médica no estabelecimento prisional em que cumprem sua pena. 4. Ordem não conhecida. (HC 358.682/PR, Rel. Ministra MARIA THEREZA DE ASSIS MOURA, SEXTA TURMA, julgado em 01/09/2016, DJE 12/09/2016).

Transcrição

A Lei de Execução Penal prevê o recolhimento domiciliar em quatro hipóteses, sendo a primeira para os condenados com mais de 70 anos, a segunda quando acometido de doença grave, a terceira quando a condenada possuir filho menor ou deficiente mental ou físico, e o quarto quando a condenada for gestante.

É importante frisar que em que pese o artigo 117 da LEP aduzir que é apenas para o regime aberto, a jurisprudência vem decidindo que os apenados em outros regimes também podem usufruir do recolhimento domiciliar.

- **2º passo – Caso concreto**

Agora é o momento de narrar qual motivo dentre os quatro faz com o que o seu cliente tenha o direito ao recolhimento domiciliar. Observe:

O apenado José Lino é acometido pela doença grave neoplasia maligna (câncer) (conforme atestado) e não possui condições de permanecer segregado em razão de a unidade prisional não possuir infraestrutura ideal para o seu tratamento.

- **3º passo – Pedido**

Agora é seu momento de brilhar com seu pedido.

Desta feita, a defesa requer o deferimento do recolhimento domiciliar do apenado, nos termos do art. 117, inciso II, da LEP e da atual jurisprudência.

OBSIMP: nunca se esqueça de juntar o atestado que comprova a doença grave do apenado ou do filho da reeducanda.

11

ATESTADO DE PENA

Antes de falarmos sobre o Atestado de Pena é muito importante falarmos do Sistema Eletrônico de Execução Unificado (Seeu).

Sistema implantado a partir do ano de 2019, no qual todos os processos executivos de pena encontram-se, o que auxilia na investigação da existência de mais processos em desfavor da mesma pessoa bem como padroniza os processos. Portanto esteja no Mato Grosso ou no Amazonas, o Atestado de Pena será o mesmo.

Pois bem, o atestado de pena é um documento que possibilita às partes uma análise da situação processual do recuperando. É nele que encontramos informações sobre a progressão, o livramento condicional, a pena cumprida, entre outros dados importantes.

É importante lembrar que o Atestado de Pena deve condizer com os autos do Processo Executivo de Pena. Assim, se ao analisá-lo você perceber que algo não está conforme os autos, deve-se solicitar a retificação.

Partindo da premissa de que boa parte dos leitores ainda não teve contato com um Atestado de Pena, este capítulo é destinado à análise de um.

Como já dito alhures, no Atestado constam diversas informações, sendo a qualificação do reeducando a primeira delas. A qualificação diz respeito aos dados pessoais do recuperando, possibilitando a sua identificação, sendo de suma importância analisar os dados dos pais e demais especificidades para que não haja confusão entre homônimos.

Após a qualificação, a segunda parte do Atestado de Pena diz respeito às condenações em desfavor do reeducando. Nessa parte são inseridas as condenações definitivas e não definitivas, com seus respectivos artigos, a quantidade de pena e a data do trânsito em julgado da condenação (caso seja definitiva). Essa seção é importante porque permite de pronto analisar a prescrição punitiva do Estado, ou seja, conferir se o Estado ainda pode punir o recuperando ou se já passou o prazo para isso.

Em seguida vem a parte referente às prisões em desfavor do reeducando, que se refere às prisões do recuperando durante o cumprimento da reprimenda. Aqui são inseridas as datas, os momentos processuais em que elas ocorreram e, por último, o tipo de prisão (flagrante, preventiva etc.).

Deixo aqui uma crítica com relação a essa parte do Atestado de Pena, uma vez que contempla somente as prisões, sendo que poderia abordar também as datas de soltura, facilitando a realização do cálculo do tempo de pena cumprido pelo reeducando. Por exemplo, colocar ao lado da data da prisão a data da soltura referente àquela prisão facilitaria bastante a vida dos operadores do direito.

A quarta parte traz um resumo da situação carcerária do reeducando. É nela que encontramos o total da pena, a pena cumprida, a pena remanescente ou pena que ainda está para cumprir, o total de detração e de interrupção, dias remidos, atual regime em que se encontra. Esse resumo corresponde à seção necessária para descobrir o quanto de pena foi cumprido e o quanto ainda há para cumprir, e se há detração ou interrupção durante o cumprimento da pena.

Mais à frente vem a quinta parte, que é uma das mais importantes, por se tratar da seção referente à progressão do atual regime do cumprimento da pena. Nessa seção é de suma importância observar se a fração para a progressão de regime que nela está inserida confere com a do crime que foi condenado, bem como se a fração está inserida. Algumas vezes podem existir frações que não condizem com a realidade ou até mesmo a ausência da devida fração.

Além da checagem da fração, a data-base para a progressão também é fundamental, uma vez que ela é o termo inicial de contagem para a progressão do atual regime. Caso ela esteja equivocada, o reeducando pode progredir tardiamente ou antes mesmo do tempo de pena que deveria ter cumprido.

Por derradeiro, a "previsão do alcance" seria quando a pessoa vai alcançar determinado direito (fim da pena, progressão de regime, livramento condicional); é o resultado da soma da pena ou do requisito objetivo (progressão ou livramento condicional) com a data-base (data de início). Por exemplo, se Joãozinho iniciou o cumprimento da pena de 6 anos no dia 17/05/2023, a soma entre a pena (8 anos) e a data-base (17/05/2023), resultará na previsão do alcance a partir do dia 17/05/2031.

Assim como há uma seção destinada à progressão de regime, temos também uma destinada ao livramento condicional, ou seja, a sexta parte.

Observa-se que assim como na progressão de regime, a data-base aqui é de suma importância. Contudo o que a difere da data-base para a progressão é que essa última diz respeito ao início do cumprimento do atual regime, enquanto no livramento condicional a data-base refere-se ao início do cumprimento da pena em si.

Nessa seção também temos as frações correspondentes ao requisito objetivo para o livramento condicional, indo de 1/3 até 1/1. É importante lembrar que a fração de um inteiro simboliza a impossibilidade do direito ao livramento condicional, o que ocorre nos casos de reincidência em crimes hediondos ou de revogação do livramento condicional.

Por último, temos a previsão do alcance. Como o próprio nome diz, é a possível data de obtenção do livramento condicional.

Caso não haja interrupção, o término da pena dá-se pela soma da data do início do seu cumprimento, a condenação. Caso haja detrações e remições, esses dias serão descontados, fazendo com que o término da pena aproxime-se da data atual. Porém, quando existem descumprimentos que acarretam interrupções, o lapso temporal correspondente a esses dias será acrescido à pena, fazendo com que seu término distancie-se da data atual.

Pois bem, espero que você tenha se familiarizado com um atestado de pena. Agora que conheceu um e sabe o que cada parte ali representa, tratarei cada parte de maneira mais completa, bem como ensinarei como realizar os cálculos necessários ao longo do cumprimento da pena, seja para descobrir sua fração do requisito objetivo para a obtenção de benefícios ou para descobrir o quanto de pena já cumpriu e ainda resta cumprir, para não ficar à mercê de um Atestado de Pena defasado e com erros.

11.1 HOMOLOGAÇÃO OU RETIFICAÇÃO DO CÁLCULO (ATESTADO DE PENA)

O inciso XVI, do artigo 41 da Lei de Execução Penal traz como direito do preso "atestado de pena a cumprir, emitido anualmente, sob pena da responsabilidade da autoridade judiciária competente".

Logo, todo ano o apenado recebe seu atestado de pena atualizado, devendo analisar se ele encontra-se de acordo com o processo ou não. Esse é o momento de conferir todas as informações nele lançadas, desde a qualificação até as datas, passando pelas penas, remições, detrações, interrupções etc.

11.2 PEDIDO DE HOMOLOGAÇÃO OU RETIFICAÇÃO DO ATESTADO DE PENA

"É raro, mas acontece com frequência". Apesar de cômica, a frase retrata a alarmante realidade na execução penal, uma vez que, em razão de os processos muitas vezes não possuírem uma linha cronológica ou até mesmo lógica, os erros nos atestados de pena são muito comuns, seja com relação às datas, às frações ou até mesmo às reprimendas. No cotidiano da execução penal vislumbramos um verdadeiro show de horrores.

- **Momento processual**

Recebimento do atestado de pena.

- **Do que se trata...**

O atestado de pena do recuperando deve conter informações sobre o cumprimento da pena, o livramento condicional, o término da pena, a progressão de regime e a detração/remição/interrupção.

Quando alguma informação não estiver em desacordo com os autos é necessária a retificação do atestado de pena. Caso esteja tudo correto basta pedir a homologação do cálculo e correr pro abraço.

- **1º passo – Seção legal**

> Art. 41, da LEP - Constituem direitos do preso:
>
> XVI – atestado de pena a cumprir, emitido anualmente, sob pena da responsabilidade da autoridade judiciária competente.

Transcrição

Em seu inciso XVI, art. 41, a Lei da Execução Penal garante ao apenado o direito ao atestado de pena a cumprir. Assim sendo, estando corretas as informações nele contidas, elas deverão ser homologadas.

- **2º passo – Caso concreto**

Esse é o momento de relatar se está tudo certo com o atestado de pena ou não.

Analisando o atestado de pena, observa-se que ele encontra-se em conformidade com os autos presentes.

- **3º passo – Pedido**

Já estamos quase lá! Basta pedir a realização/designação da audiência de justificação.

Diante do exposto, manifesta-se pela homologação do cálculo de pena de fulano de tal, nos termos do inciso XVI da LEP.

OBSIMP: caso haja a necessidade de retificação, é bom que a inconsistência seja apontada de maneira detalhada, devendo ser apontadas as páginas (ou sequências) em que elas se encontram. Veja:

Observa-se que o apenado iniciou o cumprimento da pena no atual regime no dia 11/12/2022 (vide fls. 196) ou (conforme seq. 8).

Se o cálculo estiver errado, aponte o erro (se preciso descreva o cálculo:

Observe que a remição até a contemporaneidade não foi utilizada em nenhuma progressão, por isso a referida deverá ser descontada da fração de progressão e não da pena total para que, posteriormente, seja calculada a fração de progressão.

12

SOMA E UNIFICAÇÃO DE PENA

Embora sejam alvo de confusão durante o cumprimento da reprimenda, tais institutos em nada se assemelham. Pelo contrário, a confusão entre elas implica em cumprimento exacerbado da reprimenda.

12.1 SOMA OU UNIFICAÇÃO? EIS A QUESTÃO

O art. 75, §2º do código penal elenca que: "Sobrevindo condenação por fato posterior ao início do cumprimento da pena, far-se-á nova unificação, desprezando-se, para esse fim, o período de pena já cumprido". Já o art. 111 da LEP aduz que quando "houver condenação por mais de um crime, no mesmo processo ou em processos distintos, a determinação do regime de cumprimento será feita pelo resultado da soma ou unificação das penas, observada, quando for o caso, a detração ou remição". Em seu parágrafo único, ele complementa: "Sobrevindo condenação no curso da execução, somar-se-á a pena ao restante da que está sendo cumprida, para determinação do regime".

Bem, em primeiro lugar é importante diferenciar a soma e a unificação das reprimendas, pois elas são petições distintas.

Embora comumente confundam-se soma e unificação, a soma nada mais é que pegar condenações distintas e somar as penas para determinar o regime de cumprimento. Já a unificação é quando a pessoa foi condenada em um novo processo, mas cometeu o crime nas mesmas circunstâncias do crime anterior, tratando-se, assim, de um crime continuado, porém o juiz sentenciante deixou passar tal peculiaridade.

Desse modo, enquanto na soma as penas são empilhadas, na unificação duas penas transformam-se em uma com o acréscimo de uma fração (exasperação).

Como saber qual fração aplicar na unificação das penas?
Jurisprudência – STJ

> 1. Pacificou-se neste Sodalício o entendimento de que a fração de aumento em razão da prática de crime continuado deve ser fixada de acordo com o número de delitos cometidos, aplicando-se 1/6 pela prática de 2 infrações; 1/5 para 3 infrações; 1/4 para 4 infrações; 1/3 para 5 infrações;1/2 para 6 infrações; e 2/3 para 7 ou mais infrações. 2. Não sendo possível precisar o número exato de ilícitos praticados, este Superior Tribunal de Justiça entende que a fração de aumento deve ser fixada com base na sua duração. Precedentes. (HC 442.316/SP).

Para a exasperação da reprimenda unificada devemos adotar a metodologia imposta pela jurisprudência alhures.

12.2 PEDIDO DE SOMA OU UNIFICAÇÃO

Esse é o momento em que você auxiliará o seu cliente a não ficar mais tempo do que ele deveria no atual regime, por já saber a diferença entre os institutos.

- **Momento processual**

Nova condenação em desfavor do apenado.

- **Do que se trata...**

Da somatória/unificação das penas para a determinação do regime do cumprimento da reprimenda.

- **1º passo - Seção legal**

Os embasamentos legais da ciência e da retificação da guia são:

Lei de Execução Penal

> Art. 111. Quando houver condenação por mais de um crime, no mesmo processo ou em processos distintos, a determinação do regime de cumprimento será feita pelo resultado da soma ou unificação das penas, observada, quando for o caso, a detração ou remição.

Código Penal

> Art. 75. O tempo de cumprimento das penas privativas de liberdade não pode ser superior a 40 (quarenta) anos.
>
> § 1º Quando o agente for condenado a penas privativas de liberdade cuja soma seja superior a 40 (quarenta) anos, devem elas ser unificadas para atender ao limite máximo deste artigo.
>
> § 2º - Sobrevindo condenação por fato posterior ao início do cumprimento da pena, far-se-á nova unificação, desprezando-se, para esse fim, o período de pena já cumprido.

OBSIMP: é importante elencar que 40 anos é o máximo que ele poderá ficar preso ininterruptamente. Contudo as penas somadas/unificadas poderão ser maiores do que 40 anos. Por exemplo, digamos que o apenado seja condenado a uma pena de 50 por ter praticado um crime hediondo sem resultado morte pela primeira vez. Ele não ficará preso todo esse período, ficando no fechado apenas por 20 anos, o correspondente a 40% da pena.

Transcrição

Em seu artigo 111, a Lei de Execução Penal elenca que quando vier nova condenação em desfavor do apenado, as referidas reprimendas deverão ser somadas para que seja determinado o regime do cumprimento de pena.

- **2º passo – Caso concreto**

Agora basta demonstrar que o apenado foi condenado a uma nova reprimenda.

"Analisando os autos, observa-se que o recuperando estava cumprindo a reprimenda de 4 anos e 6 meses, porém em seu desfavor foi juntada aos autos nova guia de recolhimento de 6 anos e 4 meses".

- **3º Passo – Pedido**

Enfim, peça a soma ou a unificação das reprimendas.

Desta feita, diante da nova condenação do recuperando, manifesta-se pela soma/unificação das reprimendas para a determinação do regime de cumprimento da pena nos termos do art. 111, parágrafo único da LEP.

OBSIMP: por favor, não se esquecer da diferença entre ambas. Caso as condenações sejam referentes a crimes continuados elas devem ser unificadas, e não deixe de demonstrar os motivos que as assemelham (art. 71, do CP).

DATA-BASE PARA A CONCESSÃO DE DIREITOS NA EXECUÇÃO PENAL

A data-base é algo muito importante para a execução penal, pois é a partir dela que a pena e os benefícios são computados. Ela muda conforme o reeducando vai cumprindo a pena.

Como assim, Danilo?

Ela pode ser o dia da prisão do recuperando, a data da audiência admonitória, a data do cometimento de falta grave, a data da unificação das reprimendas. Vai depender do momento processual em que o recuperando esteja.

Como saber qual data eu utilizo?

Veja o que está mais recente e, em caso de conflito, o ideal é a mais justa e benéfica para o reeducando.

Suponhamos que o recuperando esteja preso há 1 ano e ele tenha outra pena transitada em julgado. Então é realizada a unificação. Qual devemos colocar? O ideal é que seja a da última prisão, uma vez que ele já está segregado e, portanto, é justo considerar esse 1 ano para a sua progressão no atual regime.

O mesmo ocorre quando, já preso, o juiz detrai a pena e reinicia o cumprimento da reprimenda a partir da sentença. Mesmo que a detração não modifique o regime de cumprimento da pena, não é interessante realizá-la quando não muda o regime. Portanto preserva-se a data-base como a data da prisão e realiza-se o cálculo da progressão normalmente em cima da pena total.

Lembrem-se sempre que trocar uma data-base pretérita por uma atual será sempre maléfico ao réu, fazendo com que ele progrida depois do tempo. Por isso estabeleceu-se que o cometimento de falta grave incidirá em novo marco para a progressão regimental.

O pensamento é simples. Suponhamos que, antes, o reeducando teria que cumprir 3 anos a partir de 05/02/2020. Quando a data-base é mudada para outra data mais atual, esse 1 ano já cumprido não será computado da fração para a progressão e, sim, da pena cumprida.

Como assim, Danilo?

Joãozinho foi condenado a 18 anos e a fração para a progressão é 1/6 (um sexto). Ele terá que cumprir 3 anos e a data base é 05/02/2020 (prisão).

Um ano depois da prisão ele comete uma falta grave, ou seja, a sua data-base torna-se o dia 05/02/2021, porém ele não vai cumprir apenas 2 anos, que seria a fração menos o tempo já cumprido.

Esse 1 ano eu vou descontar da pena total, ou seja, dos 18 anos, que se tornará 17 anos. Então calcula-se a fração, qual seja, 2 anos e 10 meses. Logo, ele terá que cumprir 2 anos e 10 meses a partir da nova data-base. Ou seja, enquanto antes ele progrediria em 05/02/2023, após o cometimento da falta grave ela progredirá apenas em 05/12/2023. Conseguiu observar a diferença de 10 meses entre elas? Pode parecer pouco para quem está do lado de fora, mas é um lapso temporal muito grande.

Portanto, a data-base é de suma importância e você deve ficar atento à data mais justa no caso de conflitos de datas e interesses, e a data mais próxima ao momento processual.

14

PROGRESSÃO DE REGIME

Neste capítulo veremos como funciona na teoria e na prática a progressão de regime e o sistema progressivo de cumprimento da pena. Ouso afirmar que, desta obra, este capítulo é o fulgor.

14.1 SISTEMA PROGRESSIVO DE CUMPRIMENTO DA PENA

O direito penal brasileiro adota um sistema progressivo de cumprimento de pena com três tipos de regime: fechado, semiaberto e aberto. Nesse sistema, o apenado pode iniciar o cumprimento da pena em um regime mais grave e após preencher os requisitos objetivo e subjetivo será submetido a outro regime mais brando, do fechado para o semiaberto e do semiaberto para o aberto.

A determinação de qual será o regime em que o recuperando iniciará o cumprimento da pena é decidido pelo magistrado nos termos do art. 33 do Código Penal.

Enquanto o ser humano nasce, cresce e falece, o segregado, que inicia o cumprimento da reprimenda no fechado, obrigatoriamente irá para o semiaberto e posteriormente para o regime aberto. Caso queira pode solicitar o livramento condicional independentemente do regime em que estiver.

A progressão de regime necessariamente obedecerá a esta ordem: quem está no fechado progride para o semiaberto e quem está no semiaberto para o aberto. Não é admitida a progressão *per saltum*. Em outras palavras, não se admite a progressão de regime por salto, que seria progredir do fechado para o aberto.

O que ocorre no país é que devido à falta de estrutura para abrigar os reeducandos, o regime semiaberto, que deveria ser o cumprimento da pena nas colônias agrícolas, assemelha-se ao regime aberto, que, diferente da lei, não ocorre na casa do albergado, resumindo-se a uma "prisão domiciliar", sendo que por meio de uma audiência chamada admonitória o juiz fixa as condições do cumprimento da reprimenda.

Como assim? Não entendi!

Antes de entrarmos nesse assunto é importante mencionar que a súmula vinculante n.º 56 do STF aduz que a "falta de estabelecimento penal adequado não autoriza a manutenção do condenado em regime prisional mais gravoso, devendo-se observar, nessa hipótese, os parâmetros fixados no RE 641.320/RS".

Graças à infraestrutura do nosso sistema carcerário, o recuperando sai do fechado para o aberto. Sim, é quase isso, mas quando você vai realizar o pedido de progressão não pode pedir para progredir para o aberto, pois não existe progressão *per saltum*. Então você pedirá para o semiaberto, no qual as condições são semelhantes ao aberto.

As condições determinadas em audiência admonitória deverão ser cumpridas à risca. Se o reeducando descumprir qualquer uma das condições correrá o risco de voltar para o regime de cumprimento de pena mais gravoso. Isso se chama regressão de regime, sobre a qual falaremos mais à frente.

Agora que você já entendeu como funciona o nosso sistema de progressão, você sabe como fazer para progredir?

Bom, para progredir de regime basta que o recuperando tenha preenchido dois requisitos cumulativamente, o objetivo e o subjetivo. O primeiro deles, conhecido como requisito objetivo, diz respeito à fração da progressão ou à porcentagem que deve ser cumprida.

Respira fundo, vamos por parte.

Quando se é condenado a uma pena, ao cumprir uma parte dela o indivíduo tem direito a progredir de regime. Essa parte da pena chama-se felicidade? Não. Isso se chama requisito objetivo para a progressão de regime. Entendeu?

Esse requisito objetivo é calculado em relação à pena do reeducando, quando ele ainda não tiver progredido de regime. Caso seja sua segunda progressão, ele terá que cumprir parte da pena que restou, não mais da pena a que ele foi condenado. Por exemplo, suponhamos que Rogerinho foi condenado a 6 anos. Tendo ele como requisito objetivo 1/6, ele terá que cumprir 1 ano, que seria 1/6 de 6 anos.

Quando ele progredir ainda terá 5 anos para cumprir. Então você terá que calcular 1/6 de 5 anos para descobrir o requisito objetivo, e não calcular em cima da pena a que ele foi condenado.

Os crimes não possuem a mesma fração ou porcentagem, por isso atente-se ao artigo 112 da Lei de Execução Penal. Mais à frente teremos exercícios práticos e ensinamentos sobre como realizar o cálculo de progressão de regime.

Além do referido artigo, é muito importante lembrar que os crimes hediondos cometidos antes do dia 29 de março de 2007 têm como requisito objetivo para a progressão a fração de 1/6.

No que diz respeito ao requisito subjetivo, é salutar informar que se trata da conduta do reeducando enquanto ele cumpre a pena, ou seja, se cumpriu certinho, respeitou as condições. Tenho que ressaltar que não se trata de um cumprimento a bel-prazer, mas com regras e condições impostas.

Caso o recuperando esteja no regime fechado ou semiaberto em uma colônia agrícola, as instituições emitirão um atestado de conduta carcerária, no qual estarão inseridas informações quanto ao cumprimento da pena, se foi bom, regular ou ruim.

Neste livro parte-se do princípio que se houver cumprimento bom ou regular, o reeducando faz jus à progressão de regime, vez que ambos são satisfatórios. Mas há magistrados que exigem o bom comportamento. Por ser este um livro direcionado ao bê-á-bá, não entrarei na questão sobre esse posicionamento. Apenas alerto que caso o atestado de conduta carcerária venha como regular, peça, sim, a progressão.

Se o recuperando estiver no regime semiaberto, o requisito subjetivo será preenchido caso não tenha descumprido as condições impostas na audiência admonitória. Não há no regime fechado um atestado de conduta carcerária.

Tendo preenchido os dois requisitos, basta realizar o pedido da progressão, seja por intermédio do advogado ou pelo próprio reeducando, ou de sua família, ou da defensoria.

A parte bacana da execução penal é que o reeducando tem muita voz, tem vez, pode manifestar-se no processo. E eles sabem muito sobre o tema por serem os principais interessados no assunto.

Após pedir a progressão, destacando o cumprimento dos requisitos, o juiz encaminhá-lo-á ao Ministério Público e à defesa (defensoria ou advogado), que se manifestarão sobre a progressão. Posteriormente, os autos voltarão à vara criminal para decidir se os requisitos foram ou não preenchidos. Caso tenham sido preenchidos, o juiz estabelecerá uma audiência admonitória, que, como dito anteriormente, serve para informar ao recuperando as condições do cumprimento da pena no novo regime e as consequências do descumprimento.

Em posse do termo de ingresso no novo regime, basta seguir as condições e cumprir a reprimenda da melhor maneira possível para que não ocorram eventuais problemas.

14.2 FRAÇÕES E PORCENTAGENS PARA A PROGRESSÃO DE REGIME

Decidi dividi-las em antes e depois da vigência do pacote anticrime para facilitar o entendimento do leitor.

14.2.1 Progressões antes da vigência do pacote anticrime

Os crimes cometidos até o dia 23/01/2020 farão jus às frações elencadas neste capítulo, lembrando que havendo uma porcentagem mais benéfica, o apenado poderá solicitar a retificação da fração para a porcentagem que lhe couber.

- **Crimes comuns antes do pacote anticrime**

O art. 112 da Lei de Execução Penal elencava que os crimes comuns teriam o requisito objetivo de ao menos 1/6.

É importante elencar que era 1/6 independentemente de reincidência, portanto, ao analisar a progressão não se esqueça de que antes do pacote anticrime a reincidência em crimes comuns não implicava em alteração da fração.

- **Crimes hediondos antes do pacote anticrime – agente primário**

O § 2º, do art. 2º, da lei dos crimes hediondos trouxe como requisito objetivo para a progressão de regime dos crimes hediondos a fração de 2/5, desde que o apenado fosse primário, ou seja, não tivesse cometido crime algum antes.

Nota-se que ainda não há a figura do primário em crimes hediondos; pelo contrário, aqui teria que ser primário no cometimento de crimes.

- **Crimes hediondos antes do pacote anticrime – agente reincidente em crimes hediondos**

O § 2º, do art. 2º, da lei dos crimes hediondos, também elencou o requisito objetivo para a progressão de regime dos crimes hediondos cujo apenado era reincidente a fração de 3/5.

Ressalta-se que não importa se o apenado cometeu um crime comum ou hediondo antes, o que contava era a reincidência.

- **Progressão especial para mulheres especiais**

Em 2018, a Lei de Execução Penal inovou ao trazer a progressão em condições especiais com o requisito de 1/8 para as hipóteses a seguir:

> § 3º No caso de mulher gestante ou que for mãe ou responsável por crianças ou pessoas com deficiência, os requisitos para progressão de regime são, cumulativamente:
>
> I - não ter cometido crime com violência ou grave ameaça a pessoa;
>
> II - não ter cometido o crime contra seu filho ou dependente;
>
> III - ter cumprido ao menos 1/8 (um oitavo) da pena no regime anterior;
>
> IV - ser primária e ter bom comportamento carcerário, comprovado pelo diretor do estabelecimento;
>
> V - não ter integrado organização criminosa.
>
> § 4º O cometimento de novo crime doloso ou falta grave implicará a revogação do benefício previsto no § 3º deste artigo.

Nota-se que essa progressão é direcionada única e exclusivamente para as mulheres que praticaram o tráfico de drogas privilegiado, haja vista que, de acordo com o último Infopen, mais de 60% das mulheres condenadas assim foram por crimes relacionados a drogas.

14.2.2 Progressões de regime após a vigência do pacote anticrime

A partir do dia 24/01/2020, as práticas delituosas deixam de possuir frações para a progressão de regime e tornam-se porcentagens (que também são frações), porém escritas em forma de percentual.

- **Crimes sem violência ou grave ameaça à pessoa – primário**

O inciso I, do art. 112, da LEP, traz a fração/porcentagem de 16% da pena se o apenado for primário e o crime tiver sido cometido sem violência à pessoa ou grave ameaça.

- **Crimes sem violência ou grave ameaça à pessoa – reincidente**

Já o inciso II, do art. 112, da LEP, traz a fração de 20% da pena se o apenado for reincidente em crime cometido sem violência à pessoa ou grave ameaça.

- **Crimes com violência ou grave ameaça a pessoa – primário**

No que diz respeito aos crimes cometidos com violência ou grave ameaça à pessoa, o inciso III, do art. 112, da LEP, elenca que o requisito objetivo para a progressão de regime é 25% da pena se o apenado for primário.

- **Crimes com violência ou grave ameaça à pessoa – reincidente**

O inciso IV, do art. 112, da LEP, traz o cumprimento de 30% da pena como requisito objetivo se o apenado for reincidente em crime cometido com violência à pessoa ou grave ameaça.

- **Crimes hediondos sem resultado morte – primário**

Sobre os crimes hediondos sem o resultado morte, o inciso V da LEP, traz o requisito objetivo de 40% da pena para a progressão se o apenado for condenado pela prática de crime hediondo ou equiparado se for primário.

É salutar entender que se trata de primariedade específica, ou seja, o apenado tem que ser primário no cometimento de crimes hediondos; por exemplo, caso ele tenha cometido um crime de furto simples antes e, então, cometeu um crime hediondo de tráfico, nesse segundo ele é primário em crime hediondo.

• Crimes hediondos sem resultado morte – reincidente

Ainda sobre os crimes hediondos sem o resultado morte, caso o apenado seja reincidente em crimes dessa espécie, o inciso VII da LEP aduz que o requisito objetivo para a progressão de regime é 60% da pena.

É importante entender que se trata de reincidência específica, ou seja, o apenado tem que ser reincidente no cometimento de crimes hediondos; por exemplo, caso ele tenha cometido um crime de roubo majorado pela arma de fogo (após o pacote anticrime) antes e, então, cometeu um crime hediondo de tráfico, nesse segundo ele é reincidente em crime hediondo.

Existe entendimento do STJ de que se tratando de crimes hediondos, a segunda fração contamina a primeira, ou seja, a fração mais gravosa será utilizada para ambas as progressões. Contudo esta obra abomina o referido entendimento por se tratar de afronta ao princípio da individualização da pena.

• Crimes hediondos com resultado morte – primário

Além dos crimes com o resultado morte temos os crimes de exercer o comando, individual ou coletivo, de organização criminosa estruturada para a prática de crime hediondo ou equiparado, ou pelo crime de constituição de milícia privada, que possuem o requisito objetivo para a progressão de regime de 50% nos termos do inciso VI do art. 112 da LEP.

• Crimes hediondos com resultado morte – reincidente

Por derradeiro, os apenados reincidentes específicos em crimes hediondos com o resultado morte, de acordo com o inciso VIII da LEP, progredirão de regime após o cumprimento de 70% da pena, sendo vedado o livramento condicional.

14.3 CONDIÇÕES ESPECIAIS PARA PROGRESSÃO DE REGIME

No nosso sistema penal existem algumas peculiaridades que resolvi trazer neste capítulo, desde teses sobre frações mais benéficas até progressões de regime sem mesmo ter atingido o requisito objetivo.

- **Reincidência em crimes hediondos**

Na contemporaneidade, o STJ entendeu que no caso de reincidência de crimes hediondos deverá ser fixada a fração única de 3/5 e não frações distintas de 2/5 ou 40% para o crime hediondo primário e 3/5 ou 60% para hediondo reincidente.

- **Crimes privilegiados**

Existem apenas dois crimes considerados privilegiados. São eles: o tráfico de drogas, presente no § 4º, do artigo 33, da lei de drogas, cujos requisitos (I - agente seja primário; II - de bons antecedentes; III - não se dedique às atividades criminosas; e IV - nem integre organização criminosa) deverão ser preenchidos no todo; e o homicídio tipificado pelo § 1º, do artigo 121 do Código Penal Brasileiro (se o agente comete o crime impelido por motivo de relevante valor social ou moral, ou sob o domínio de violenta emoção, logo em seguida a injusta provocação da vítima).

Ambos possuem a execução dos crimes comuns, ou seja, não são considerados hediondos. Caso o cometimento dos crimes tenha sido antes da Lei n.º 13.964/2019, eles terão a fração para progressão de regime de 1/6, enquanto o livramento condicional será após o cumprimento de 1/3 da reprimenda.

Caso o crime cometido seja após o pacote anticrime, para o tráfico privilegiado será de 16% o requisito objetivo para a progressão, e para o homicídio privilegiado 25% da pena.

É importante lembrar que mesmo fazendo jus à progressão com a fração de 1/6, o defensor deverá solicitar a mudança para 16% por ser esta mais benéfica.

O pedido deverá ser realizado ao juízo da execução nos termos do art. 2º, parágrafo único, do CP, que elucida: "A lei posterior, que de qualquer modo favorecer o agente, aplica-se aos fatos anteriores, ainda que decididos por sentença condenatória transitada em julgado".

- **Tráfico de drogas (hediondo) antes do pacote anticrime para reincidentes não específicos**

Primeiramente é bom informar ao leitor o que seria um reeducando reincidente não específico. Você sabe do que se trata?

Conta aí, Danilo...

Bom, reincidente não específico é aquele que não cometeu dois crimes da mesma natureza, ou seja, cometeu um crime de natureza comum e outro de natureza hedionda.

Ah, Danilo, então o reincidente específico é o que cometeu dois crimes da mesma natureza, por exemplo, hediondo e hediondo?

Isso aí! Lembrando que tendo a mesma natureza ou não, o recuperando é reincidente, tá bom?

Antes do pacote anticrime, não importava se o reeducando era reincidente específico ou não. Sendo reincidente e tendo cometido um crime hediondo, a fração para a progressão do regime da pena era 3/5, sem choro nem vela.

O que mudou com o pacote anticrime?

Para os reincidentes não específicos que cometeram o crime antes da lei, em vez de cumprirem os 3/5, a partir da lei eles cumprirão 2/5, uma vez que a lei penal retroagirá em benefício do réu diante da lacuna deixada pelo novo ordenamento jurídico, que revogou o artigo que determinava os 3/5. Já com relação aos crimes cometidos após a lei anticrime, restou-se definido que para o recuperando primário em crimes hediondos, a fração é de 40%.

Nota-se que a ausência de lei que verse sobre esse caso permite a aplicação de lei mais benéfica ao recuperando. Além disso, para a galera do fundão, 40% é a mesma coisa que 2/5, então as frações para a progressão tanto de quem cometeu o delito antes ou depois são as mesmas.

- **Homicídio qualificado (hediondo) antes do pacote anticrime para reincidentes não específicos**

Antes de adentrar no debate sobre a fração para a progressão de regime, é muito relevante informar ao leitor que o crime de homicídio pode ser qualificado e privilegiado. O que acontece nesse caso? É hediondo ou não?

A resposta é não. Isso mesmo, não é um crime hediondo, pois o privilégio é de caráter subjetivo ao agente, portanto não pode ser qualificado por caráter subjetivo, ou seja, não pode ser um crime movido por relevante valor social ou moral e ocorrer por motivo fútil ou torpe. Ele pode apenas ser qualificado por condições objetivas, como emprego de veneno ou explosivo, compreendeu?

Pronto! Superada essa dúvida, passamos a falar sobre o conflito de leis.

Pois bem, assim como ocorria no tráfico de drogas de natureza hedionda, caso o recuperando fosse reincidente, a fração para a progressão de regime era de 3/5. Com o advento da lei anticrime surgiu uma nova discussão: era 2/5, 3/5, ou 50%?

Vamos por partes.

Às vezes podemos fazer confusão ao solicitar a fração de 2/5, uma vez que ele é primário em crimes hediondos. Ocorre que, na verdade, ele é reincidente do mesmo jeito e a lei anterior não realizava a distinção entre reincidente específico ou não para aplicar a fração de 3/5. Portanto não podemos parcelar a lei e pegar a parte benéfica de dois dispositivos.

Nesse sentido, caso o crime fosse cometido antes do pacote anticrime, por se tratar de reincidente, teria o recuperando que cumprir 3/5 e não 2/5. Porém a Lei n.º 13.964/2019, assim como no tráfico, não tratou dos reincidentes não específicos, deixando uma lacuna.

Diante dessa celeuma, compulsando a nova redação do artigo 112 da Lei de Execução Penal, o reeducando deverá cumprir 50% da pena para que, então, faça jus à progressão do regime.

- **Crimes hediondos com resultado morte**

Antes da entrada em vigor do pacote anticrime, era indiferente se o apenado tinha sido condenado por dois crimes com o resultado morte. Se era caso de reincidência era de 3/5 o requisito objetivo para a progressão de regime.

Após a entrada em vigor do pacote anticrime (24/01/2020), o artigo 112 da Lei de Execução Penal aumentou a fração para 70%, portanto fique atento.

- **Crimes hediondos cometidos antes da Lei n.º 11.464/2007**

Do que se trata essa lei?

Essa lei instituiu a partir de 28 de março de 2007 os recuperandos primários que cometessem um crime hediondo ou equiparado progrediria com a fração de 2/5 em caso de reincidência a fração seria 3/5 (sendo reincidente específico ou não).

Como era a progressão desses crimes antes?

Era igual à dos crimes comuns, ou seja, o requisito objetivo para a progressão regimental dos crimes cometidos antes da entrada em vigor dessa lei era 1/6 (um sexto).

Assim, é preciso muita atenção com relação à data do cometimento do delito do recuperando, pois ela determinará a fração para a progressão regimental.

- **Progressão de regime antecipada – Lei de Organização Criminosa**

O § 5º, do artigo 4, da Lei n.º 12.850/13, trouxe uma inovação do direito à progressão de regime ainda que ausentes os requisitos objetivos, nos casos em que o apenado colabore efetiva e voluntariamente com a investigação e com o processo criminal, desde que dessa colaboração resulte em um ou mais dos seguintes fatores:

> I - a identificação dos demais coautores e partícipes da organização criminosa e das infrações penais por eles praticadas;

II - a revelação da estrutura hierárquica e da divisão de tarefas da organização criminosa;

III - a prevenção de infrações penais decorrentes das atividades da organização criminosa;

IV - a recuperação total ou parcial do produto ou do proveito das infrações penais praticadas pela organização criminosa;

V - a localização de eventual vítima com a sua integridade física preservada.

Essa é a única forma de progressão sem o cumprimento do requisito objetivo que encontramos no nosso ordenamento jurídico.

14.4 CALCULANDO AS PROGRESSÕES NO SISTEMA PROGRESSIVO DE CUMPRIMENTO DA PENA

Esta seção é direcionada a ensinar passo a passo como realizar o cálculo de progressão de regime utilizando apenas uma calculadora, um papel e uma caneta, sem precisar de qualquer tabelinha ou calculadora penal.

14.4.1 Calculando frações

A intenção deste material é torná-lo independente na execução penal, portanto, mesmo havendo diversas calculadoras penais disponíveis, almejo que você consiga realizar os cálculos em qualquer lugar utilizando qualquer calculadora.

Apesar deste conteúdo encontrar-se na parte de progressão, ele serve para indulto, comutação, dosimetria da pena, livramento condicional, remição e por aí vai.

Passadas as considerações iniciais, vamos aos cálculos. É importante elencar que em nossos cálculos utilizamos o ano ideal – nele, 1 ano tem 360 dias, ou 12 meses, e cada mês tem 30 dias.

Nos cálculos de frações de uma pena é importante deixá-la em apenas uma unidade de medida. Como assim?

Nós temos a pena composta por três unidades de medidas, quais sejam, anos, meses e dias. Por isso deveremos sempre transformar de modo a restar apenas uma unidade de medida. Nesse sentido, caso a pena venha em mais de uma unidade de medida, transforme tudo em dias. Desse modo, faça a seguinte conta:

total de anos x 360 dias =
total de meses x 30 dias =
total de dias x 1 = (todo número vezes 1 é ele mesmo)

Após realizar essas multiplicações, some todos os dias. Vamos fazer uma conta utilizando 5 anos, 8 meses e 20 dias para exemplificar?

total de anos x 360 dias = 1.800 dias
total de meses x 30 dias = 240 dias
total de dias x 1 = 20 dias
5 anos, 8 meses e 20 dias é a mesma coisa que 2.060 dias

Agora que tudo está na mesma unidade de medida (dias), podemos multiplicar pela fração que quisermos. Veja:

2.060 dias x 1/6 = 343 (só vale o que está antes da vírgula)
2.060 dias x 2/5 = 824 dias
2.060 dias x 3/5 = 1.236 dias

Bom, agora que já temos as nossas frações, observem que elas estão em dias, certo? Agora faremos o caminho inverso para as descobrirmos em formato pena (ano, mês e dia).

Primeiro divida o total de dias por 360 para descobrir a quantos anos ela corresponde.

343 ÷ 360 = **0,95**2777777777777777777777777778 (o que está antes da vírgula são os anos)

824 ÷ 360 = **2,28**888888888888888888888888889 (todas as casas após a vírgula são importantes, não arredonde nada)

1.236 ÷ 360 = **3,43**3333333333333333333333333333

Agora que descobrimos a quantidade dos anos, vamos encontrar os meses. Para isso, multiplique tudo que está após a vírgula por 12. Para deixar apenas as casas decimais é simples: faça na sua calculadora o número completo menos o inteiro:

3,4333333333333333333333333333333 - 3 = 0,43333333333333 3333333333333333;

0,9527777777777777777777777777778 - 0 = 0,9527777777777 7777777777777778;

2,2888888888888888888888888888889 - 2 = 0,28888888888888 8888888888888889

Pronto. Agora já podemos multiplicar por 12. Observe:

0,9527777777777777777777777777778 x 12 = **11,43**3333 33333333333333333333333 (o número antes da vírgula são os meses)

0,2888888888888888888888888888889 x 12 = 3,466666666666 6666666666666666667 (toda casa após a vírgula é importante, não arredonde nada)

0,4333333333333333333333333333333 x 12 = 5,2 (falta pouco. Tá dando certo aí?)

Já descobrimos os meses em cada um. Agora, para encerrar, deveremos encontrar os dias. Para isso, multiplique as casas após a vírgula por 30:

0,43333333333333333333333333333333 x 30 = 13 dias (agora é hora de juntar tudo o que estava antes da vírgula nas etapas anteriores). No cálculo dos anos foi o número 0, no cálculo dos meses foi 11, portanto a fração será 11 meses e 13 dias.

0,46666666666666666666666666666667 x 30 = 14 dias (agora é hora de juntar tudo o que estava antes da vírgula nas etapas anteriores). No cálculo dos anos foi o número 2, no cálculo dos meses foi 3, portanto a fração será 2 anos, 3 meses e 14 dias.

0,2 x 30 = 6 dias (agora é hora de juntar tudo o que estava antes da vírgula nas etapas anteriores). No cálculo dos anos foi o número 3, no cálculo dos meses foi 5, portanto a fração será 3 anos, 5 meses e 6 dias.

Olha só como ficaram as frações de 5 anos, 8 meses e 20 dias:

1/6 de 5 anos, 8 meses e 20 dias = 11 meses e 13 dias.
2/5 de 5 anos, 8 meses e 20 dias = 2 anos, 3 meses e 14 dias.
3/5 de 5 anos, 8 meses e 20 dias = 3 anos, 5 meses e 6 dias.

14.4.2 Calculando porcentagens

Nos cálculos de porcentagem de uma pena também é importante deixá-la em apenas uma unidade de medida. Como assim?

Nós temos a pena composta por três unidades de medidas, quais sejam, anos, meses e dias. Por isso deve sempre transformar de modo a restar apenas uma unidade de medida. Nesse sentido, caso a pena venha em mais de uma unidade de medida, transforme tudo em dias. Desse modo, faça a seguinte conta:

total de anos x 360 dias =
total de meses x 30 dias =
total de dias x 1 = (todo número vezes 1 é ele mesmo)

Após realizar essas multiplicações, some todos os dias. Vamos fazer uma conta utilizando 5 anos, 8 meses e 20 dias para exemplificar?

total de anos x 360 dias = 1.800 dias
total de meses x 30 dias = 240 dias
total de dias x 1 = 20 dias
5 anos, 8 meses e 20 dias é a mesma coisa que 2.060 dias.

Agora que tudo está na mesma unidade de medida (dias), podemos multiplicar pela porcentagem (ou número decimal, dependendo da sua calculadora. Eu indico sempre fazer pelos números decimais) que quisermos. Note:

2.060d x 16% ou x 0,16 = 329d
2.060d x 20% ou x 0,20 = 412d
2.060d x 25% ou x 0,25 = 515d
2.060d x 30% ou x 0,30 = 618d
2.060d x 40% ou x 0,40 = 824d
2.060d x 50% ou x 0,50 = 1.030d
2.060d x 60% ou x 0,60 = 1.236d
2.060d x 70% ou x 0,70 = 1.442d

Assim como no cálculo das frações, precisaremos transformar os requisitos objetivos para anos. Para isso faremos o caminho inverso para descobrirmos o resultado em ano, mês e dia.

2.060d x 16% ou x 0,16 = 329d ou 10m e 29d
2.060d x 20% ou x 0,20 = 412d ou 1a, 1m e 22d
2.060d x 25% ou x 0,25 = 515d ou 1a, 5m e 5d
2.060d x 30% ou x 0,30 = 618d ou 1a, 8m e 18d
2.060d x 40% ou x 0,40 = 824d ou 2a, 3m e 23d
2.060d x 50% ou x 0,50 = 1.030d ou 2a, 10m e 10d

2.060d x 60% ou x 0,60 = 1.236d ou 3a, 5m e 6d
2.060d x 70% ou x 0,70 = 1.442d ou 4a e 2d

Agora faça na sua casa e confira os resultados. Um deles está errado. Quero ver você descobrir qual é.

14.5 PRIMEIRA PROGRESSÃO DE REGIME – CÁLCULO COM O CUMPRIMENTO DE UMA PENA

Digamos que, no dia 28/09/2022, você pegou um caso em que o apenado ficou preso provisoriamente 1 ano e foi solto antes de ter sua sentença condenatória. Alguns anos depois ele é condenado definitivamente à pena de 11 anos, 9 meses e 15 dias, no regime fechado.

Ele inicia o cumprimento da sua pena e 1 ano após já tinha 234 dias trabalhados para serem remidos. Sabendo que se trata de apenado que cometeu um crime hediondo antes do pacote anticrime, quando ele progredirá?

Primeira pergunta: o tempo que ele passou preso PROVISORIAMENTE vai ser descontado de onde?

Segunda pergunta: e a remição? Eu desconto de onde?

É simples. Você deve analisar se a detração ou a remição já foi utilizada anteriormente para alguma progressão de regime ou não. Nesse caso, infere-se que é a primeira progressão dele, portanto, não foram utilizadas ainda.

Então tanto a detração (1 ano) quanto os 234 dias trabalhados (78 dias remidos) deverão ser descontados da fração.

1. **Encontre 2/5 de 11 anos, 9 meses e 15 dias.**
   1.698d ou 4 anos, 8 meses e 18 dias.

2. **Retire a detração e a remição da fração.**
   4 anos, 8 meses e 18 dias – 1 ano (detração) – 2 meses e 18 dias.

3. **3 anos e 6 meses será o período que ele deverá cumprir.**

4. **Some a fração à data-base.**
   3 anos e 6 meses + 28/03/2026.
5. **Assim, ele progredirá em 28/03/2026.**

14.5.1 Segunda progressão de regime – cálculo com o cumprimento de uma pena

Na segunda progressão observa-se que o apenado já cumpriu 4 anos, 8 meses e 18 dias entre remição, detração e tempo preso.

1. **Desconte esse período do total de pena para, então, calcular a fração para progressão.**
   11 anos, 9 meses e 15 dias – 4 anos, 8 meses e 18 dias = 5 anos, 1 mês e 27 dias.
2. **Calcule a fração de 2/5 de 5 anos e 27 dias.**
   2 anos e 10 dias.
3. **Some a fração à data-base (28/03/2026).**
   2 anos e 10 dias + 28/03/2026 = 25/04/2031.
4. **Desse modo, ele progredirá ao regime semiaberto em 25/04/2031.**

14.6 PRIMEIRA PROGRESSÃO DE REGIME – CÁLCULO COM O CUMPRIMENTO DE DUAS PENAS

Agora que já aprendemos a calcular as progressões com apenas uma pena, vamos complicar um pouquinho mais.

Caso o apenado esteja cumprindo duas penas ao mesmo tempo, o cálculo da primeira progressão assemelha-se ao cálculo com duas penas, devendo o condenado cumprir as respectivas frações. Para tal, primeiro calcula-se a fração para, então, descontarmos as remições e as detrações.

Adotaremos as mesmas detrações e remições dos tópicos anteriores, quais sejam, 1 ano de detração e 78 dias de remição.

No nosso caso, adotaremos um crime hediondo (sem resultado morte) e um crime comum com violência ou grave ameaça. Os crimes foram cometidos após o pacote anticrime, por isso possuem como requisito objetivo as porcentagens de 40% e 25%.

A pena do crime hediondo é de 9 anos, 7 meses e 23 dias, e do crime comum é de 6 anos, 4 meses e 12 dias.

1. **Calculemos as frações.**
   40% de 9 anos, 7 meses e 23 dias = 3 anos, 10 meses e 9 dias.
   25% de 6 anos, 4 meses e 12 dias = 1 ano, 7 meses e 3 dias.

2. **Some as frações.**
   5 anos, 5 meses e 12 dias.

3. **Desconte a remição (78 dias) e a detração (1 ano) da fração.**
   5 anos, 5 meses e 12 dias – 1 ano, 2 meses e 18 dias = 4 anos, 2 meses e 24 dias.

4. **Some com a data base (28/09/2022).**
   4 anos, 2 meses e 24 dias + 28/09/2022 = **22/12/2026.**

5. **Assim sendo, o apenado progredirá em 22/12/2026.**

14.6.1 Segunda progressão de regime – cálculo com o cumprimento de duas penas concomitantes

É importante informá-los que o art. 76 do Código Penal aduz que no concurso de infrações, executar-se-á primeiramente a pena mais grave.

Então como saber qual pena é mais grave?

É simples. Observe se há diferença entre as frações/porcentagem. A que for maior é a mais grave.

O que é maior 40% ou 25%? De fato, 40%, é maior, então a pena mais grave é a do crime hediondo, cuja pena é 9 anos, 7 meses e 23 dias.

1. **Descontaremos a pena cumprida na primeira progressão do crime hediondo para, então, calcularmos a nova progressão.**

   9 anos, 7 meses e 23 dias – 5 anos, 5 meses e 12 dias = 4 anos, 2 meses e 11 dias.

2. **A outra pena permanecerá intacta, então você precisará apenas calcular a fração do crime hediondo novamente.**

   4 anos, 2 meses e 11 dias x 40% = 1 ano, 8 meses e 4 dias.

3. **Como lembrado, a fração referente à pena de 6 anos, 4 meses e 12 dias é 1 ano, 7 meses e 3 dias.**

4. **Some as frações.**

   1 ano, 8 meses e 4 dias + 1 ano, 7 meses e 3 dias = 3 anos, 3 meses e 7 dias.

5. **Assim, o apenado terá que cumprir 3 anos, 3 meses e 7 dias.**

6. **some a fração a data base (25/04/2031);**

   3 anos, 3 meses e 7 dias + 25/04/2031 = 02/08/2034.

7. **Portanto o recuperando progredirá para o regime aberto em 02/08/2034.**

A importância de saber que o desconto da pena cumprida é sobre a pena mais grave ajudará o seu cliente a progredir mais cedo, pois muita gente pensa que vai descontando um pouco de cada reprimenda, mas não é assim. Se você desconta a pena cumprida da pena mais grave, o requisito objetivo diminui e, logo, a pena maior extinguir-se-á.

A título de exemplo vou demonstrar a diferença em números para ambos os casos.

Descontando os 40% do crime hediondo e os 25% do crime comum, observe o que acontece:

1. 40% de 9 anos, 7 meses e 23 dias = 3 anos, 10 meses e 9 dias.
2. 9 anos, 7 meses e 23 dias – 3 anos, 10 meses e 9 dias = 5 anos, 9 meses e 14 dias.
3. 25% de 6 anos, 4 meses e 12 dias = 1 ano, 7 meses e 3 dias.
4. 6 anos, 4 meses e 12 dias – 1 ano, 7 meses e 3 dias = 4 anos, 9 meses e 9 dias.

Calculemos as novas frações:

1. 40% de 5 anos, 9 meses e 14 dias = 2 anos, 3 meses e 23 dias.
2. 25% de 4 anos, 9 meses e 9 dias = 1 ano, 2 meses e 9 dias.
3. Somando as frações, o apenado terá que cumprir 3 anos, 6 meses e 2 dias.
4. Observem que existe uma diferença de 2 meses e 25 dias (acho que seu cliente ficaria feliz em sair mais cedo).

14.7 PRIMEIRA PROGRESSÃO DE REGIME – CÁLCULO COM O CUMPRIMENTO DE DUAS PENAS NÃO CONCOMITANTES

Penas não concomitantes são penas cujo cumprimento não ocorreu conjuntamente, portanto cada pena terá seu desconto realizado individualmente.

Digamos que Joãozinho havia sido condenado a uma pena de 5 anos, 10 meses e 12 dias, que ele já havia cumprido 10 meses e 12 dias dessa pena, e que o requisito de 1/6, contudo, chegou a uma nova condenação de 7 anos, 9 meses e 15 dias, que deverá ser somada a essa, cujo requisito objetivo é 30%.

1. **Nesses moldes, devemos calcular 1/6 de 5 anos, 10 meses e 12 dias da primeira pena e descontar os 10 meses e 12 dias.**
   1/6 x 5 anos, 10 meses e 12 dias = 11 meses e 22 dias.
   11 meses e 22 dias – 10 meses e 12 dias = 1 mês e 10 dias.
2. **Com relação à segunda condenação, devemos calcular os 30% de 7 anos, 9 meses e 15 dias.**
   2 anos, 4 meses e 1 dia.
3. **Por fim, somamos as duas frações.**
   2 anos, 4 meses e 1 dia + 1 mês e 10 dias = 2 anos, 5 meses e 11 dias.
4. **Desse modo, o apenado terá que cumprir a pena de 2 anos, 5 meses e 11 dias.**

14.7.1 Segunda progressão de regime – duas penas não concomitantes

No caso das penas não concomitantes, o período em que cada um cumpriu de maneira separada será descontado de sua respectiva pena.

1. **5 anos, 10 meses e 12 dias – 10 meses e 12 dias = 5 anos.**
2. **Agora calcule a fração de 1/6 x 5 anos = 10 meses.**
3. **O período cumprido junto deverá ser descontado da pena mais grave.**
   7 anos, 9 meses e 15 dias – 2 anos, 5 meses e 11 dias = 5 anos, 4 meses 4 dias.
4. **Calcule a fração da segunda condenação.**
   5 anos, 4 meses e 4 dias x 30% = 1 ano, 7 meses e 7 dias.

5. Some as duas frações;

10 meses + 1 ano, 7 meses e 7 dias = 2 anos, 5 meses e 7 dias.

Dessa maneira, para a sua próxima progressão o apenado deverá cumprir 2 anos, 5 meses e 7 dias.

14.8 PEDIDO DE PROGRESSÃO DE REGIME

Após todos os ensinamentos alhures, é hora de fechar com chave de ouro, realizando um pedido embasado, não esquecendo de deixar clara a satisfação dos requisitos objetivos e subjetivos para a progressão do regime.

OBSIMP: o exame criminológico só poderá ocorrer caso tenha fundamentação baseada no caso concreto, não na pena em abstrato ou no perigo em abstrato.

- **Momento processual**

Análise do cálculo.

É importante elencar que não há regressão de regime sem que o apenado tenha progredido. Ora, se temos um cumprimento de pena progressivo, a sua regressão precede de alguma progressão pretérita, não há como o apenado ter o regime regredido sem que haja alguma progressão nos autos processuais.

- **Do que se trata...**

É o direito do apenado de cumprir a pena no regime mais brando após o preenchimento dos requisitos objetivo e subjetivo.

OBSIMP: súmula vinculante 56 – STF. A falta de estabelecimento penal adequado não autoriza a manutenção do condenado em regime prisional mais gravoso, devendo-se observar, nessa hipótese, os parâmetros fixados no RE 641.320/RS.

- **1º passo – Seção legal**

O Brasil adota o sistema progressivo de cumprimento de pena, no qual, quando o apenado cumpre os requisitos objetivo e o subjetivo, faz jus ao cumprimento da pena em um regime menos gravoso.

- **2º passo – Caso concreto**

Agora é o momento de narrar qual motivo entre os quatro faz com o que o seu cliente tenha o direito ao recolhimento domiciliar. Observe:

Compulsando os autos, note que o apenado cumpriu o requisito objetivo (vide atestado de pena) desde o dia xx/xx/xxxx, bem como possui BOA conduta carcerária (documento anexo).

- **3º passo – Pedido**

Agora é seu momento de brilhar com seu pedido.

Diante dos fatos, a defesa requer a progressão de regime do apenado para o semiaberto, ante o preenchimento dos requisitos objetivo e subjetivo.

OBSIMP: caso o atestado de pena esteja errado, detalhe os cálculos no segundo passo.

15

LIVRAMENTO CONDICIONAL

O livramento condicional é a última etapa do cumprimento da pena, por isso não deverá jamais ser confundido com um regime de cumprimento da reprimenda, tanto que o "LC" poderá ser pedido em qualquer regime de cumprimento de pena, desde que o apenado tenha cumprido os requisitos objetivo e subjetivo.

Em casos em que o apenado estiver no regime aberto e dedicar-se à vida criminosa, é importante lembrá-lo de que o livramento condicional pode não ser interessante, uma vez que sua revogação implicará na perda de todos os dias cumpridos durante a sua vigência. Porém tal situação apenas ocorrerá após o trânsito em julgado da condenação que acarretou a sua suspensão.

Já no regime aberto, o simples cometimento de falta grave, nesse caso, fato definido como crime doloso, já acarretará a regressão para um regime mais gravoso sem a perda dos dias cumpridos naquele regime.

Outro ponto que merece destaque sobre o livramento condicional é que os reincidentes em crimes hediondos e os crimes cujas penas sejam menores do que 2 anos não fazem jus ao referido direito.

Por último, caso o apenado tenha cometido alguma falta grave, ele deverá esperar 12 meses para solicitar o livramento condicional.

15.1 CALCULANDO O LIVRAMENTO CONDICIONAL

Assim como no cálculo de progressão de regime, podemos observar o requisito objetivo, ou seja, um tempo de pena a ser cumprido para a obtenção do direito.

No caso do livramento condicional temos quatro frações. São elas:

1/3 > primário + crime comum.

1/2 > reincidente + crime comum.

2/3 > primário + crime hediondo.

1/1 > reincidente + crime hediondo ou crimes com penas menores que 2 anos.

- **Momento 1 – Cálculo com uma fração**

1. Transforme os anos em dias.
2. Multiplique pela fração.
3. Transforme dias em anos.
4. Some com a data-base.

OBSIMP: nem sempre a data-base para o livramento condicional será a mesma data-base para a progressão de regime.

Suponhamos que o apenado é primário e cometeu um crime comum cuja pena foi 5 anos, 6 meses e 7 dias, sendo o início do seu cumprimento no dia 03/01/2023. Que dia ele terá direito ao livramento condicional?

- 5 anos x 360d + 6 meses x 30d + 7 = 1.987 dias.
- 1.987 dias x 1/3 = 662 dias.
- 662 dias = 1 ano, 10 meses e 2 dias.
- 03/01/2023 + 1 ano, 10 meses e 2 dias = 05/11/2024 (data do direito).

- **Momento 2 – Cálculo com duas frações**

Assim como no momento 1, você deverá encontrar as frações referentes às duas condenações e, em seguida, somá-las.

1. Transforme os anos em dias.
2. Multiplique pela fração.

3. Transforme dias em anos.
4. Some as frações.
5. Some com a data-base.

Em sua primeira condenação, um rapaz cometeu os crimes de tráfico de drogas e associação para o tráfico de drogas, sendo a pena referente ao primeiro crime de 7 anos, 11 meses e 24 dias, e ao segundo 4 anos, 8 meses e 15 dias, tendo iniciado o cumprimento delas no dia 08/10/2021. Qual o dia do livramento condicional dele?

- **Crime hediondo**

    1. 7 anos x 360d + 11 meses x 30d + 24d = 2.874 dias.
    2. 2.874d x 2/3 = 1.916 dias.
    3. 1.916 dias = 5 anos, 3 meses e 26 dias.

- **Crime comum**

    1. 4 anos x 360d + 8 meses x 30d + 15d = 1.695 dias.
    2. 1.695d x 1/3 = 565 dias.
    3. 565 dias = 1 ano, 6 meses e 25 dias.

- **Soma das frações**

    4. 5 anos, 3 meses e 26 dias + 1 ano, 6 meses e 25 dias = 6 anos, 10 meses e 21 dias.
    5. 08/10/2021 + 6 anos, 10 meses e 21 dias = 29/08/2027 (data do requisito objetivo para o livramento condicional).

15.2 PEDIDO DE LIVRAMENTO CONDICIONAL

Assim como na progressão de regime, deverá ficar claro no seu pedido que o apenado faz jus ao livramento condicional em razão do preenchimento dos requisitos objetivo e subjetivo.

- **Momento processual**

  Análise do cálculo.

- **Do que se trata...**

  É o direito do apenado de cumprir a pena no regime no livramento condicional após o preenchimento dos requisitos objetivo e subjetivo.

- **1º passo – Seção legal**

  Transcrição

  O Código Penal traz como direito do apenado o livramento condicional quando a pena for superior a 2 anos, após o cumprimento dos requisitos objetivo e subjetivo

- **2º passo – Caso concreto**

  Narre como o apenado já preencheu os requisitos estabelecidos:

  Analisando os autos observa-se que o recuperando cumpriu o requisito objetivo (vide atestado de pena) desde o dia xx/xx/xxxx, bem como possui BOA conduta carcerária (documento anexo).

  OBSIMP: você comprova que o apenado tem boa conduta carcerária com o argumento de ele não ter descumprido nenhuma das condições do cumprimento da pena.

- **3º passo – Pedido**

  Vá em frente e faça seu cliente conseguir o livramento condicional.

  Assim sendo, a defesa pugna pelo livramento condicional em razão do preenchimento dos requisitos objetivo e subjetivo, nos termos do art. 83, do CP.

  OBSIMP: dê uma olhada em outros requisitos constantes no art. 83 do CP. Os referidos não foram citados por não obstarem o livramento condicional.

16

AUDIÊNCIA ADMONITÓRIA

Quando o cliente inicia o cumprimento da sua reprimenda, seja no regime aberto, semiaberto ou no livramento condicional, ele terá condições para cumprir, mesmo estando, muitas vezes, na rua (recolhimento domiciliar). Como já informei anteriormente, a súmula vinculante n.º 56 do STF elucida que diante da ausência de estrutura carcerária, o apenado não pode pagar por isso, devendo ser inserido em regime menos gravoso independentemente de a comarca possuir ou não estabelecimento penal adequado.

Nesse ponto surge a necessidade de se realizar uma audiência para explicar ao apenado as condições que ele deverá cumprir no atual regime, dando origem à designação de uma audiência admonitória. Além disso, toda e qualquer mudança no cumprimento da pena faz com que o reeducando tenha o direito de saber quais os novos rumos da reprimenda, fazendo-se também necessária a designação de audiência admonitória.

É importante frisar que não há como falar em regressão de regime sem que antes o apenado seja advertido sobre as suas condições para o cumprimento da reprimenda, além do fato de como já dito anteriormente, não há como falar em regressão sem que tenha ocorrido alguma progressão pretérita.

16.1 PEDIDO DE AUDIÊNCIA ADMONITÓRIA

Para que, enfim, seu cliente possa iniciar o cumprimento da reprimenda ou reiniciá-lo, falta apenas o seu pedido de designação de audiência admonitória.

- **Momento processual**

Existem alguns momentos em que a audiência admonitória será solicitada:

1. Após a progressão de regime do apenado.
2. Em razão de mudança de comarca.
3. Devido a mudanças nas condições do cumprimento da reprimenda.
4. Após a emissão da guia de recolhimento do apenado em regime semiaberto ou aberto.

- **Do que se trata...**

A audiência admonitória serve para impor as condições do cumprimento da pena, seja no regime semiaberto ou no regime aberto.

- **1º passo – Seção legal**

Os embasamentos legais da audiência admonitória:

Apesar da audiência admonitória ser citada na LEP, apenas na parte referente à suspensão condicional da pena, o art. 160 da LEP, elenca que o condenado deverá ser advertido sobre as condições do cumprimento em uma audiência. Veja:

Art. 160. Transitada em julgado a sentença condenatória, o juiz a lerá ao condenado, em audiência, advertindo-o das consequências de nova infração penal e do descumprimento das condições impostas.

Transcrição

De acordo com o art. 160 da LEP, o juiz deverá realizar uma audiência para ler ao apenado, bem como adverti-lo sobre as consequências do descumprimento das condições impostas e do cometimento de nova infração penal.

- **2º passo – Caso concreto**

Esse é o momento de demonstrar a necessidade da realização da audiência admonitória.

Compulsando os autos, observa-se que embora tenha a condenação transitada em julgado desde 05/05/2022, com a devida emissão da guia de recolhimento do apenado, até a contemporaneidade o referido não foi advertido sobre as condições do cumprimento da reprimenda no atual regime.

- **3º passo – Pedido**

Já estamos quase lá. Basta pedir a realização/designação da audiência admonitória.

Diante dos fatos, pugna-se pela designação de audiência admonitória de acordo com o art. 160 da LEP, para que o apenado seja devidamente advertido sobre as condições do cumprimento da reprimenda no atual regime.

OBSIMP: nunca se esqueça de que não há regressão de regime sem que o apenado seja advertido das condições do cumprimento da pena no atual regime por meio de audiência admonitória ou não.

AUDIÊNCIA DE JUSTIFICAÇÃO

Existem momentos em que os apenados descumprem as condições impostas durante o cumprimento da reprimenda, por isso, respeitando o princípio da legalidade, da ampla defesa e do contraditório, emerge-se a necessidade de ouvir o apenado sobre os motivos que o levaram a descumprir as condições.

O momento oportuno para que seja apurado/justificado o motivo do descumprimento pode ser o processo administrativo disciplinar (mais demorado) e a audiência de justificação (mais célere). Neste capítulo falarei dessa segunda maneira.

A doutrina tem pacificado o entendimento de que a audiência de justificação pode substituir o PAD, porque a referida, assim como esse, dá direito ao contraditório e à ampla defesa, para a defesa, o acusado e o *parquet*.

Também entendo pela possibilidade dessa substituição, mesmo considerando que a prisão do apenado, para que posteriormente seja realizada a audiência de justificação, frustre a presunção de inocência e que, muitas vezes, se fôssemos aguardar a realização de um PAD, o reeducando que tivesse os argumentos acolhidos ficaria muito mais tempo ergastulado.

É muito comum primeiro determinar a regressão cautelar juntamente à prisão do acusado de cometimento de falta grave e então, seguidamente (nem tão seguidamente assim), haja a oitiva de sua justificativa sobre os fatos.

17.1 PEDIDO DE AUDIÊNCIA DE JUSTIFICAÇÃO

O pedido de audiência de justificação é determinante para a regressão definitiva do apenado. Por isso é bom que a defesa já compareça à audiência com suas teses formuladas, pois lá mesmo já serão arguidas após a oitiva do acusado.

- **Momento processual**

Descumprimento das condições impostas para o cumprimento da pena.

- **Do que se trata...**

Sempre que o apenado for acusado de descumprimento de alguma das condições do cumprimento da pena, tanto a defesa quanto a acusação devem solicitar uma audiência de justificação para que o condenado seja devidamente ouvido.

- **1º passo – Seção legal**

Os embasamentos legais da audiência de justificação estão previstos na Lei de Execução Penal:

> Art. 118. A execução da pena privativa de liberdade ficará sujeita à forma regressiva, com a transferência para qualquer dos regimes mais rigorosos, quando o condenado:
>
> I - praticar fato definido como crime doloso ou falta grave;
>
> II - sofrer condenação, por crime anterior, cuja pena, somada ao restante da pena em execução, torne incabível o regime (artigo 111).
>
> § 1º O condenado será transferido do regime aberto se, além das hipóteses referidas nos incisos anteriores, frustrar os fins da execução ou não pagar, podendo, a multa cumulativamente imposta.
>
> § 2º Nas hipóteses do inciso I e do parágrafo anterior, deverá ser ouvido previamente o condenado.

Transcrição

Nos termos da Lei de Execução Penal (art. 118, § 2º), quando o apenado for acusado de algo que possa ensejar sua regressão de regime, ele deverá ser ouvido previamente.

- **2º passo – Caso concreto**

Demonstre a razão de o recuperando ser ouvido previamente (audiência de justificação).

De acordo com os autos, o reeducando foi acusado de cometimento de novo fato definido como crime doloso, qual seja, o crime de roubo majorado.

- **3º passo – Pedido**

Já estamos quase lá. Basta pedir a realização/designação da audiência de justificação.

Assim sendo, solicita-se a designação de audiência de justificação nos termos do art. 118, § 2º da LEP, para que o apenado justifique o motivo do descumprimento das condições do atual regime de cumprimento da pena.

OBSIMP: é importante lembrar que às vezes, o descumprimento de alguma das condições do cumprimento da reprimenda apenas enseja advertência, não levando o apenado para um regime mais gravoso.

18

REGRESSÃO DE REGIME

A regressão de regime ocorrerá em duas situações, sendo a primeira quando ele descumprir qualquer das condições impostas no atual regime ou nos casos em que sobrevenha nova condenação e a sua soma/unificação tenha uma pena remanescente incompatível com o atual regime.

Cumpre-se destacar que para que haja a regressão de regime é necessário que antes deva ter ocorrido alguma progressão de regime. Veja:

> Sentença transitada em julgado determinando o início do cumprimento da pena em regime semiaberto. Regressão de regime em razão de pratica de falta grave [o paciente foi beneficiado com a saída temporária e não retornou]. Impossibilidade de regressão de regime do cumprimento da pena: a regressão de regime sem que o réu tinha sido beneficiado pela regressão de regime afronta a lógica. A sanção pela falta grave, no caso, estar adstrita à perda dos dias remidos. Ordem concedida. (HC. 93.761, Rel. Min. Eros Grau, 2ª T., Dje 19/12/2008).

Portanto é fundamental a existência de alguma progressão pretérita, sem ela não existe regressão.

- **Regressão de regime pelo descumprimento das condições impostas no atual regime**

Quando se inicia um novo regime ou simplesmente quando se ingressa em um regime restam-se condições a serem cumpridas. Algumas delas surgirão de acordo com o caso concreto e outras serão em comum para todos e todas; por exemplo, não frequentar bares, a permanência em casa aos finais de semana e o não cometimento de novo fato definido como crime doloso (tendo cometido crime culposo não há o que se falar em falta grave).

No momento em que o apenado descumpre uma delas, desde que sem motivo que justifique tal descumprimento, muito possivelmente o reeducando será inserido em um regime mais gravoso.

Friso que para que haja a regressão a falta grave deverá ser reconhecida, seja em PAD ou em Audiência de Justificação, podendo sua prisão ser decretada após pedido de regressão cautelar ou não.

- **Regressão de regime em razão de soma/unificação de penas**

Suponhamos que Fulaninho esteja cumprindo sua reprimenda em regime semiaberto após já ter cumprido 2 anos de sua pena total de 6 anos e surge uma nova reprimenda com o *quantum* de 5 anos.

O juízo da execução penal realizará a soma entre elas, juntando a pena cumprida (remição, detração e dias cumpridos) e diminuindo do total da pena. Nesse caso seriam 11 anos menos 2 nos, restando então 9 anos a serem cumpridos.

Ainda, o Código Penal determina o cumprimento das reprimendas superiores a 8 anos no regime fechado, logo, em razão do total de pena remanescente, o apenado teria o regime do cumprimento de pena regredido para o fechado.

- **Regressão *per saltum***

Diferentemente do que ocorre com a progressão de regime, que veda a realização por salto, ou seja, o apenado que sai do fechado deve cumprir a reprimenda no semiaberto para depois progredir para o regime aberto, sem a possibilidade de ir "direto" para o derradeiro regime, nos casos de regressão regimental nosso ordenamento jurídico possibilita a realização de regressão por salto, ou seja, poderá o apenado sair do regime aberto diretamente para o regime fechado.

- **Regressão cautelar**

Como o próprio nome diz, a regressão cautelar é uma medida cautelar e não definitiva. Quando o *parquet* é informado sobre o descumprimento de qualquer das condições do cumprimento da pena, de pronto manifesta-se pela realização de audiência de justificação e regressão cautelar, solicitando também a prisão do apenado.

Após a audiência de justificação é que o juiz acolherá, ou não, as justificativas apresentadas pelo reeducando, lembrando que tal decisão cabe única e exclusivamente ao juiz, mesmo que o *parquet* e a defesa tenham se manifestado convergindo a ideia do acolhimento da justificativa.

- **Regressão definitiva**

Quando o juiz fica convencido da motivação idônea para o descumprimento das condições ou que as circunstâncias, apesar de levarem ao conhecimento de falta grave, também ensejam na manutenção no atual regime. Observe:

> DECISÃO QUE RECONHECEU A CONDUTA DO APENADO COMO FALTA GRAVE MANTENDO O REEDUCANDO NO REGIME SEMIABERTO POR ENTENDER QUE A REGRESSÃO SERIA DESPROPORCIONAL AO CASO CONCRETO - INSURGÊNCIA MINISTERIAL - PEDIDO DE REGRESSÃO PARA O REGIME FECHADO - DESNECESSIDADE DE ENCARCERAMENTO - DECISÃO MANTIDA - RECURSO DESPROVIDO Para fins de regressão do regime de cumprimento de pena, deve-se ser levado em conta, para a avaliação da sua necessidade ou não, a natureza, os motivos, as circunstâncias e as consequências da falta, bem como o apenado e o seu tempo de prisão, como disposto no artigo 57 da LEP. (N.U 1008917-42.2022.8.11.0000, CÂMARAS ISOLADAS CRIMINAIS, PAULO DA CUNHA, Primeira Câmara Criminal, Julgado em 15/11/2022, Publicado no DJE 18/11/2022).

Caso o juiz entenda que as justificativas apresentadas não merecem acolhimento será determinada a regressão definitiva do reeducando.

Tal regressão ocasionará a perda de até 1/3 dos dias remidos até a data do cometimento da falta grave que ensejou a regressão, devendo o reconhecimento dessa falta grave levar à mudança da data-base para o cumprimento do novo regime.

19

INDULTO E COMUTAÇÃO

Em linhas práticas, tanto o indulto quanto a comutação são direitos direcionados aos apenados de caráter privativo ao presidente da República por meio de decretos (art. 84, XII, da CF).

Existem dois tipos de indultos, o individual e o coletivo. O primeiro como o próprio nome diz, é direcionado a uma pessoa especificamente; por exemplo, o indulto concedido a Daniel Silveira durante o governo Bolsonaro. Esse indulto individual é conhecido como graça.

Já o indulto coletivo traz características que qualquer pessoa que fizer jus a esse direito pode pleiteá-lo; por exemplo, se em um decreto o presidente da República diz que toda pessoa que cumpriu 1/6 da pena até aquela data faz jus ao indulto, qualquer pessoa que tenha preenchido tal requisito terá o direito concedido.

É importante lembrar que nos termos do art. 107, inciso II, do Código Penal brasileiro, o indulto extingue os efeitos primários da condenação, ou seja, o dever de cumprimento da pena privativa de liberdade, restando, ainda, seus efeitos secundários, como o de reparar os danos causados à vítima.

Lembro aqui que, de acordo com o inciso XLIII, do art. 5º da Constituição Federal, os crimes de tráfico de entorpecentes e drogas afins, o terrorismo, a tortura e os crimes hediondos não fazem jus a esse direito.

Enquanto o indulto extingue a pena toda, a comutação extingue apenas uma parte dessa pena, e todos os requisitos relacionados ao indulto preceituam a comutação, inclusive a vedação supracitada, em razão de a doutrina e a jurisprudência entenderem que a comutação nada mais é do que uma espécie de indulto parcial.

OBSIMP: apenado contemplado pelo indulto deixa de ser considerado primário? Não. Além disso, ainda tem que reparar o dano (Súmula 631 STJ).

- **Inovação do indulto natalino de 2022**

No ano de 2022, o ex-presidente Bolsonaro inovou com os indultos em razão da pena em abstrato, ou seja, não mais o apenado teria que preencher requisitos objetivo e subjetivo, pelo contrário, bastava que sua pena tivesse a pena máxima em abstrato de até 5 anos.

Como assim, Danilo?

O crime de associação criminosa, tipificado pelo art. 288 do Código Penal, traz em seu preceito secundário a pena entre 1 e 3 anos, logo, sua pena máxima em abstrato, ou seja, o máximo que ele poderia pegar seriam 3 anos.

Nesse caso, pela pena abstrata do art. 288 do Código Penal ser menor do que 5 anos, todas as pessoas com condenação até 24 de dezembro de 2022 poderão ter a pena extinta sem qualquer requisito objetivo ou subjetivo.

- **Nem sempre o indulto será benéfico**

Ainda sobre o indulto, é mister elencar que o referido nem sempre será benéfico, pois, por extinguir a pena, ele leva consigo todo o período referente ao cumprimento daquela pena, fazendo com que a progressão perca um tempo fundamental para que seu cliente atinja o requisito objetivo. Por isso, vá por mim, espere ele progredir e depois peça, pois o indulto não tem período para ser solicitado.

Suponhamos que um apenado tenha sido condenado, por um crime comum, a 6 anos de reclusão, sendo ele primário, tendo que cumprir 1/6 da pena para sua progressão de regime, e na mesma sentença tenha sido condenado pelo cometimento de um crime hediondo à reprimenda de 10 anos. Sendo primário, restou-se o requisito objetivo em 2/5.

Realizando a aritmética para encontrarmos os requisitos objetivos, nota-se que restarão estabelecidos 1 ano para o crime comum e 4 anos para o crime hediondo, tendo o apenado que progredir após o cumprimento de 5 anos de sua reprimenda.

Ocorre que após o cumprimento de 2 anos da pena, foi instituído um decreto aduzindo que os condenados a penas de até 6 anos que tenham cumprido 1/3 da pena fariam jus ao indulto. Você realiza o cálculo e vê que o seu cliente faz jus ao direito de ter a pena extinta e faz o pedido de indulto diante do novo decreto, e o juiz concede o direito ao apenado.

Contudo, como bem lembrado anteriormente, a pena cumprida, ou seja, o requisito objetivo é extinto junto à pena total, logo, os 2 anos já cumpridos serão desconsiderados para a progressão de regime do apenado. Nesse caso em destaque, nota-se que faltavam apenas 3 anos para a progressão de regime, mas como a pena do crime comum foi extinta, junto aos 2 anos já cumpridos, o apenado terá que cumprir 4 anos da sua pena para a progressão de regime, permanecendo 1 ano a mais, por ser o seu pedido inoportuno para aquele momento.

Caso pergunte ao seu cliente se ele queria ter a pena extinta e passar 1 a mais no regime fechado, ou não ter extinção no regime fechado, pedindo a extinção no regime semiaberto, mas ficando ele 1 ano a menos no fechado, com toda certeza do mundo ele preferiria a segunda opção, logo, nem tudo que reluz é ouro.

Tabela 1 – Requisitos objetivos para indulto entre 2012 e 2017

Ano – CVGA ou SVGA	Crime Comum Primário	Crime Comum Reincidente	Quantidade da Pena	Decreto
2012 - SVGA	1/3	1/2	P<12	DECRETO Nº 7.873
2012 - CVGA	1/3	1/2	P<8	DECRETO Nº 7.873
2013 - SVGA	1/3	1/2	P<12	DECRETO Nº 8.172
2013 - CVGA	1/3	1/2	P<8	DECRETO Nº 8.172
2014 - SVGA	1/3	1/2	P<12	DECRETO Nº 8.380
2014 - CVGA	1/3	1/2	P<8	DECRETO Nº 8.380
2015 - SVGA	1/3	1/2	P<12	DECRETO Nº 8.615
2015 - SVGA	1/3	1/2	P<8	DECRETO Nº 8.615
2016 - SVGA	1/4	1/3	P<12	DECRETO Nº 8.940
2016 - CVGA	1/3	1/2	P<4	DECRETO Nº 8.940
2016 - CVGA	1/3	1/2	4<P<8	DECRETO Nº 8.940
2017 - SVGA	1/5	1/3	x	DECRETO Nº 9.246
2017 - CVGA	1/3	1/2	P<4	DECRETO Nº 9.246
2017 - CVGA	1/2	2/3	4<P<8	DECRETO Nº 9.246

Fonte: o autor (2023)

Tabela 2 – Requisitos objetivos para comutação entre 2012 e 2017

Comutação

	Primário	Reincidente	Ano	Decreto
Requisito	1/4 (art. 2º)	1/3 (art. 2º)	2012	DECRETO Nº 7.873
Desconto	1/4	1/5	2012	DECRETO Nº 7.873
Requisito	1/4 (art. 2º)	1/3 (art. 2º)	2013	DECRETO Nº 8.172
Desconto	1/4	1/5	2013	DECRETO Nº 8.172
Requisito	1/4 (art. 2º)	1/3 (art. 2º)	2014	DECRETO Nº 8.380
Desconto	1/4	1/5	2014	DECRETO Nº 8.380
Requisito	1/4 (art. 2º)	1/3 (art. 2º)	2015	DECRETO Nº 8.615
Desconto	1/4	1/5	2015	DECRETO Nº 8.615
Requisito	1/4 (art. 7º, inciso I, alínea b)	1/3 (art. 7º, inciso I, alínea b)	2017	DECRETO Nº 9.246
Desconto	1/4	1/5	2017	DECRETO Nº 9.246

Fonte: o autor (2023)

OBSIMP: pelo fato de a comutação ser um indulto parcial, primeiro confira se cabe indulto para depois checar a comutação, não se esqueça que as exceções ao indulto também servem à comutação (3Ts + Crimes Hediondos).

19.1 CALCULANDO INDULTO E COMUTAÇÃO

Vejamos qual procedimento aritmético deve ser adotado para inferir a respeito sobre o indulto e a comutação. Lembro que, na minha opinião, o cálculo de comutação de penas é o mais complexo de toda a execução penal, por isso tal assunto foi deixado mais próximo ao final desta obra.

- **Passos para conferência do indulto**

    1. Calcule o tempo de pena cumprido até a data do decreto do indulto.
    2. → Transformar anos em dias.
    3. → Multiplicar com a fração.
    4. → Transformar dias em anos.
    5. → Verificar se o que ele cumpriu é maior do que a fração do indulto.

Digamos que o presidente da República esteja concedendo indulto às pessoas que tenham cumprido até 1/5 da pena até o dia 25/12/2022. Seu cliente, cuja pena é 6 anos, 7 meses e 8 dias quer saber de ele faz jus a esse direito, sendo que ele está cumprindo a pena desde o dia 07/11/2020.

1. 25/12/2022 - 07/11/2020 = 2 anos, 1 mês e 18 dias.
2. 6 anos x 360d + 7 meses x 30d + 8d = 2.378 dias.
3. 2.378d x 1/5 = 475 dias.
4. 475 dias = 1 ano, 3 meses e 25 dias.
5. O tempo do passo 1 é maior do que o do passo 4? Se sim, ele faz jus ao indulto.

- **Passos para conferência da comutação**

    1. Calcule o tempo de pena cumprido até a data do decreto da comutação.

2. Transformar anos em dias.
3. Multiplicar com a fração.
4. Transformar dias em anos.
5. Verificar se o que ele cumpriu é maior do que a fração da comutação.
6. Se for maior passe para a segunda parte.

Como a comutação é um desconto parcial da pena, o artigo da lei falará quanto tempo o apenado tem que cumprir para fazer jus à comutação, e também qual fração deverá ser descontada da pena remanescente.

Por exemplo, será concedida comutação de 1/5 da pena remanescente para as pessoas que tiverem cumprido 1/6 da pena. Tendo seu cliente já cumprido 2 anos da pena de 10 anos, 5 meses e 17 dias, até a data do decreto da comutação de 2022, ele quer saber se tem direito ao desconto de 1/5 da pena.

1. 2 anos.
2. 10 anos x 360d + 5 meses x 30d + 17d = 3.797 dias.
3. 3.797 dias x 1/6 = 632 dias.
4. 632 dias = 1 ano, 9 meses e 2 dias.
5. 2 anos é maior do que 1 ano, 9 meses e 2 dias? Se sim, vamos à segunda parte do cálculo.

- **Passos para o desconto da comutação**

    1. Calcular o tempo de pena cumprido.
    2. Subtrair do total de pena.
    3. Calcular a fração com base no total de pena restante.
    4. Descontar a comutação da pena restante.
    5. 2 anos.
    6. 10 anos, 5 meses e 17 dias − 2 anos = 8 anos, 5 meses e 17 dias.

7. 8 anos, 5 meses e 17 dias x 1/5 = 615 dias ou 1 ano, 8 meses e 15 dias.
8. 8 anos, 5 meses e 17 dias − 1 ano, 8 meses e 15 dias = 6 anos, 9 meses e 2 dias.

Isso quer dizer que, em vez de ter que cumprir 8 anos, 5 meses e 17 dias, ele cumprirá apenas 6 anos, 9 meses e 2 dias, a partir do dia 25/12/2022.

19.2 PEDIDO DE INDULTO OU COMUTAÇÃO

Na hora de realizar o pedido não confunda indulto com comutação. Além disso, analise se o indulto não retardará a progressão de regime do condenado. Não havendo óbice ao direito, é só realizar o petitório.

- **Momento processual**

Análise do cálculo ou após os decretos de indultos natalinos que saem todos os anos.

- **Do que se trata...**

É o direito de ter a pena extinta no todo (indulto) ou em parte (comutação).

- **1º passo – Seção legal**

Transcrição

O Decreto Lei XX/XXXX aduz a possibilidade de concessão de indulto/comutação ante o preenchimento da fração de X/X.

- **2º passo – Caso concreto**

Demonstre que ele já cumpriu o requisito.

Tendo o apenado sido condenado à pena de XX, a fração de X/X representa o quantum de XX anos XX meses e XX dias. Extrai-se dos autos que entre o período que iniciou o cumprimento da reprimenda até o dia 25 de dezembro de XXXX, o recuperando cumpriu XXX da pena.

OBSIMP: pode deixar dois parágrafos separados mesmo, pois é muita informação para um parágrafo só.

- **3º passo – Pedido**

Agora peça o indulto ou a comutação.

Diante do exposto, a defesa pugna pela concessão do indulto/comutação do apenado, em razão de ter cumprido o lapso temporal de X/X nos termos do art. XX, do Decreto Lei XX.

OBSIMP: sendo comutação, você deve fazer o cálculo da pena a ser descontada para facilitar ao máximo para quem for ler sua petição.

AGRAVO EM EXECUÇÃO

Quando a defesa ou a acusação manifestam por algum direito do apenado nos autos e esse pedido não é acolhido, em razão do magistrado entender contrariamente, caberá à parte impetrar o único recurso aplicável aqui na fase de execução penal, qual seja, o Agravo em Execução, sendo seu rito similar ao Recurso em Sentido Estrito (Rese).

- **Momento processual**

    Recurso de uma decisão que não acatou o seu pedido.

- **Do que se trata...**

De um recurso utilizado na execução penal para combater a decisão que não acatou o seu pedido.

- **Questões legais preliminares**

    Lei de Execução Penal

> Art. 197. Das decisões proferidas pelo Juiz caberá recurso de agravo, sem efeito suspensivo.

- **Prazo – CPP**

> Art. 586. O recurso voluntário poderá ser interposto no prazo de cinco dias.
>
> Art. 588. Dentro de dois dias, contados da interposição do recurso, ou do dia em que o escrivão, extraído o traslado, o fizer com vista ao recorrente, este oferecerá as razões e, em seguida, será aberta vista ao recorrido por igual prazo.

OBSIMP: embora haja a previsão legal dos dias, em todo o período em que laborei com a execução não vi primeiro impetrarem o recurso e depois juntar as razões. Sempre já eram encaminhados a folha de admissibilidade juntamente com a apresentação das razões recursais.

Por ser um recurso, primeiro você elaborará uma folha de rosto, ou seja, uma página na qual indique a sua insatisfação com a decisão atacada e solicite a reconsideração da decisão. Além do pedido de retratação, é importante que solicite também a admissibilidade do recurso.

20.1 FOLHA DE INTERPOSIÇÃO DE AGRAVO EM EXECUÇÃO

AO JUÍZO DE DIREITO DA XXX VARA CRIMINAL DA COMARCA DE XXXXXXXX/XX

Autos n. XXXXX.
Agravante: XXXXX.
Agravado: Ministério Público do Estado de XXXX.

Fulano de tal, que esta subscreve, em assistência jurídica ao reeducando Beltrano da Silva e Silva, já qualificado nos autos em epígrafe, irresignado com a decisão de fls. XXXX, **o que a decisão fez que você não concordou?** **Exemplo contra a decisão que indeferiu a detração do apenado**, vem, respeitosamente, apresentar RAZÕES AO RECURSO DE AGRAVO EM EXECUÇÃO interposto contra a r. decisão.

A defesa requer seja recebido e prosseguido o presente recurso, bem como a realização do juízo de retratação. **(No agravo existe a retratação, que nada mais é que o processo voltar ao juiz que proferiu a decisão para que ele a reveja, caso entenda oportuno)**.

Caso entenda pela manutenção da decisão, requer, desde já, que as razões sejam encaminhadas ao Egrégio Tribunal de Justiça.

Nesses termos pede deferimento.

Cidade/Estado, Data.

Fulano de Tal
Advogado/OAB

20.2 RAZÕES DE AGRAVO EM EXECUÇÃO

RAZÕES DO AGRAVO EM EXECUÇÃO

Autos n. XXXXX.
Agravante: XXXXX.
Agravado: Ministério Público do Estado de XXXX.

> Egrégio Tribunal
> Colenda Câmara
> Doutos julgadores

1. DOS FATOS

Explicar o que aconteceu, ou seja, descreva o caminho percorrido até chegar à decisão contrária ao seu pedido.

2. DO DIREITO

Explicar a razão de você achar que a decisão está errada, utilizando a lei, a jurisprudência, a doutrina e apontando o direito.

3. DOS PEDIDOS

• Pedir que o processo seja reconhecido e provido.

- Pedir o direito que acha correto; por exemplo, pedir que seja considerado o período em que o apenado cumpriu a pena provisoriamente como detração.

Nesses termos pede deferimento.

Cidade/Estado, data.

Fulano de Tal
Advogado/OAB

21

PENA DE MULTA

A pena de multa é um dos tipos de penas existentes no nosso ordenamento jurídico. Ela pode ser aplicada cumulativamente a uma pena restritiva de direitos, bem como alternativamente, sendo aplicada de maneira única.

Existe grande discussão sobre o momento de seu pagamento, contudo é salutar elencar que para que haja o pagamento deverá ser emitida guia de recolhimento.

Em todos os meus anos de atuação, o pagamento sempre foi realizado ao término do cumprimento da pena restritiva de liberdade, porém o seu pagamento deverá ocorrer no início do cumprimento da reprimenda, podendo ser parcelado pelo Estado, ou até mesmo isento seu pagamento desde que comprovada a hipossuficiência do apenado.

Quanto à sua prescrição, existe o debate diante da natureza tributária penal. A meu ver sua prescrição deverá ser contada nos termos como dívida tributária, ou seja, em cinco anos, como ocorrem nas dividas de valores.

O pedido deverá ser direcionado ao juízo da execução penal para que ele dirima sobre as condições de pagamento.

É importante elencar que a ausência de seu pagamento não obsta a concessão de progressão de regime, tampouco livramento condicional, a extinção da punibilidade da reprimenda privativa de liberdade ou outros direitos quando comprovada a hipossuficiência do apenado.

21.1 PEDIDO DE PAGAMENTO DE PENA DE MULTA

O pedido de pagamento deverá ser no início do cumprimento da reprimenda. Entretanto, como dito anteriormente, em alguns estados como o que atuo (Mato Grosso), seu cumprimento poderá ser no início, no meio ou no fim do cumprimento da reprimenda.

Embora a pena seja intranscendente, a pena de multa pode ser paga por qualquer outra pessoa, não apenas pelo apenado.

- **Momento processual**

    Trânsito em julgado da condenação.

- **Do que se trata...**

    De um dos tipos de pena previstos pelo Código Penal.

- **1º passo – Seção legal**

    Código Penal Brasileiro

    > Art. 49 - A pena de multa consiste no pagamento ao fundo penitenciário da quantia fixada na sentença e calculada em dias-multa. Será, no mínimo, de 10 (dez) e, no máximo, de 360 (trezentos e sessenta) dias-multa.
    >
    > § 1º - O valor do dia-multa será fixado pelo juiz não podendo ser inferior a um trigésimo do maior salário mínimo mensal vigente ao tempo do fato, nem superior a 5 (cinco) vezes esse salário.
    >
    > § 2º - O valor da multa será atualizado, quando da execução, pelos índices de correção monetária.
    >
    > **Pagamento da multa**
    >
    > Art. 50 - A multa deve ser paga dentro de 10 (dez) dias depois de transitada em julgado a sentença. A requerimento do condenado e conforme as circunstâncias, o juiz pode permitir que o pagamento se realize em parcelas mensais.

§ 1º - A cobrança da multa pode efetuar-se mediante desconto no vencimento ou salário do condenado quando:

a) aplicada isoladamente;

b) aplicada cumulativamente com pena restritiva de direitos;

c) concedida a suspensão condicional da pena.

§ 2º - O desconto não deve incidir sobre os recursos indispensáveis ao sustento do condenado e de sua família.

Transcrição

O Código Penal, em seu art. 50, elenca o trâmite necessário para a realização do pagamento da reprimenda de multa.

- **2º passo – Caso concreto**

No presente caso dos autos, observa-se que o apenado foi condenado a 15 dias multa.

Informar sobre parcelamento ou sobre a hipossuficiência.

- **3º passo – Pedido**

Enfim, quase o nosso último pedido! Uhuuuuuuu!

Pedir para que seja levantado o valor atualizado sobre os dias de multas devido e que sejam parcelados, ou dizer que seu cliente não tem condições de pagar.

OBSIMP: o valor da pena de multa deverá corresponder ao salário mínimo da época da ação ou omissão do autor, não o dia em que será realizado o cálculo.

EXTINÇÃO DA PUNIBILIDADE DO APENADO

A extinção da punibilidade nada mais é que o fim do direito/dever de punir do estado em desfavor do apenado. Enquanto a emissão da guia de recolhimento do reeducando marca o "nascimento" de uma pena, aqui vê-se o fim dela. É importante lembrar que mesmo que o recuperando tenha certeza de que a pena teve seu término, somente poderá de deixar de cumprir as condições impostas após o juiz declarar extinta a sua punibilidade.

22.1 PEDIDO DE EXTINÇÃO DA PUNIBILIDADE NA EXECUÇÃO PENAL

Na inferência de alguma das causas abaixo, realize o pedido de extinção da punibilidade, diante dos fundamentos expostos na Lei de Execução Penal e no Código Penal.

- **Momento processual**

Cumprimento integral da pena – Lei de Execução Penal

> Art. 109. Cumprida ou extinta a pena, o condenado será posto em liberdade, mediante alvará do Juiz, se por outro motivo não estiver preso.

Diversas modalidades previstas no Código Penal

> Art. 107 – Extingue-se a punibilidade:
> I - pela morte do agente;
> II - pela anistia, graça ou indulto;

III - pela retroatividade de lei que não mais considera o fato como criminoso;

IV - pela prescrição, decadência ou perempção;

V - pela renúncia do direito de queixa ou pelo perdão aceito, nos crimes de ação privada;

VI - pela retratação do agente, nos casos em que a lei a admite;

IX - pelo perdão judicial, nos casos previstos em lei.

- **Do que se trata...**

É o fim do poder/dever do estado punir alguém.

- **1º passo – Seção legal**

Já elencamos as razões das extinções da punibilidade em todo o processo penal, agora destacaremos as mais corriqueiras na execução penal:

Código Penal – art. 107

I - pela morte do agente; → Agente morreu a pena não se extingue automaticamente.

II - pela anistia, graça ou indulto; → Tampouco a anistia, a graça e o induto.

III - pela retroatividade de lei que não mais considera o fato como criminoso; → Caso venha uma lei posterior que fala que não é mais crime o que o sentenciado cometeu.

IV - pela prescrição, decadência ou perempção; → Prescrição Executória.

- **Lei de Execução Penal – art. 109**

Cumprida ou extinta a pena, o condenado será posto em liberdade, mediante alvará do Juiz, se por outro motivo não estiver preso.

Transcrição

O Código Penal, em seu art. 117, elenca diversas causas de extinção da punibilidade, dentre elas a morte do agente.

- **2º passo – Caso concreto**

Aponte a razão da extinção da punibilidade.

No caso concreto observa-se que às fls. XX foi juntado atestado de óbito do apenado.

OBSIMP: viu só como, às vezes, não temos muito o que escrever para relatar o que ocorreu?

- **3º passo – Pedido**

Pronto, basta pedir o fim da punibilidade da pena.

Assim sendo, a defesa requer a extinção da punibilidade do reeducando, diante da morte do agente, nos termos do art. 117, inciso I, do CP.

DICAS PARA INICIANTES NA EXECUÇÃO PENAL

Com o intuito de facilitar para os operadores de direito que estão iniciando nessa área, elenquei algumas sugestões que abarcam as dificuldades que enfrentei nesses mais de seis anos em que laborei na execução penal, entre Ministério Público, Defensoria Pública e Advocacia.

- **Petições simples e sem jurisdiquês**

Na execução penal vocês não precisam inventar moda. Pelo contrário, seja o mais breve e claro possível. Não precisa de uma petição de 15 páginas para pedir uma progressão de regime. No máximo em três você consegue isso tranquilamente.

Às vezes, pensamos que estamos demonstrando conhecimento escrevendo uma petição cheia de jurisdiquês e palavras rebuscadas, e acabamos nos esquecendo do essencial, que é o seu conteúdo, ou seja, demonstrar o direito do seu cliente. Petição boa é aquela que todo mundo entende.

- **Cálculos penais**

Nós utilizamos cálculo para tudo. Por qual razão no direito penal e na execução penal seria diferente? Sim, é preciso saber noções de matemática básica.

Sabe quando você vê um filme em um idioma diferente e não entende nada? É assim que as pessoas se sentem quando estão por fora do assunto ou quando aprenderam que sua atuação profissional limita-se a uma calculadora penal ou uma tabelinha.

Aqui é necessário utilizar raciocínio lógico, soma, subtração, operações com datas e penas, multiplicação, divisão, frações, porcentagens e algumas regrinhas de três, mas, acredite, não há nada mais prazeroso do que ser independente em sua atuação.

Dizer não às tabelinhas e às calculadoras penais vai te ensinar a entender de fato um processo executivo de pena e tirará mordaças e vendas dos seus olhos para uma atuação crítica e racional do processo.

Lembre-se que isso é uma construção, ou seja, não tem como saber sobre progressão de regime sem saber sobre remição e detração, ou sobre pena cumprida e efetivamente cumprida. Não há como calcular uma interrupção ou uma prescrição sem saber soma e subtração entre datas. Vá com calma, o mundo não está acabando, não precisa ter pressa, raciocine o que está fazendo.

Garanto que lá no final você entenderá que valeu a pena todo esse processo.

- **Olho na sentença**

Até mais importante do que a guia, a sentença é fundamental para a sua atuação profissional. Revise os cálculos, olhe a dosimetria da pena em todas as suas fases.

Recordo-me que uma vez, em uma parceria, analisei um processo e não olhei a sentença. Alguns dias depois o cliente ligou e disse que estava solto, pois o outro advogado viu uma coisa errada na sentença relacionada à dosimetria e conseguiu soltá-lo.

Foi um dia triste para mim, não gosto de errar, pois, após a vida, a liberdade é o bem mais precioso que temos. Nesse dia aprendi duas lições muito importantes: as sentenças podem trazer diamantes valiosos para a soltura dos nossos clientes e que podemos errar a qualquer momento.

- **Cautela**

Quando o cliente nos contrata, quer o resultado para ontem, ou até mesmo que você mova o possível e o impossível, mas lhe adianto, muito cuidado, nunca venda o que você não compra, jamais prometa algo que não poderá cumprir.

Tenha cautela, calma e paciência para analisar um processo executivo de pena. Muitas vezes ele não vem em ordem e pode estar recheado de condenações, com interrupções, frações distintas, remições, detrações e tudo o que tem direito. Não precisa correr, explique ao seu cliente essas nuances processuais e mãos à obra.

- **Dados do processo**

Nunca se baseie em relatório de situação processual ou atestado de pena. Confie em seus olhos e em seu trabalho. Se há algo verdadeiro, são os autos. São eles que o direcionarão, um dia a menos para o seu cliente pode lhe render muitos outros clientes.

Outra coisa importante: você é responsável pelos autos e o que lá está. Algumas pessoas prometem aos apenados mundos e fundos que vão além dos autos. Diga sempre a verdade e que você é responsável pelo que analisa, não pelo que o juiz ou o *parquet* entendem sobre o assunto.

- **Prazos**

Por último, porém não menos importante, existem prazos para réus presos e réus soltos. Os processos relacionados a esse primeiro grupo são mais céleres. Em relação ao segundo grupo, para ele os prazos tendem a ser mais lentos.

Com a superlotação dos presídios e das cadeias e o encarceramento/punitivismo exacerbado, se assim não fosse feito seria mais moroso ainda uma progressão de regime. É importante lembrar que diante dessa demora estatal sempre peça antes do prazo os direitos do seu cliente, pois o processo sempre tem que passar pelo Ministério Público antes de qualquer decisão.

E lembre seu cliente de que você é responsável pelo pedido, já a velocidade dele "são outros quinhentos".

24

DICAS PARA NOVOS(AS) ADVOGADOS(AS)

Ao me inserir no mundo da advocacia criminal passei por algumas dificuldades tanto com relação a valores quanto a como entrar no mercado de trabalho. Para que você não passe pelas mesmas celeumas, trouxe algumas dicas valiosas para a sua rotina.

- **Atuação nas redes sociais**

Tudo está conectado pela internet. Você já parou para olhar a sua volta? Instagram, WhatsApp, Telegram, Twitter, YouTube, TikTok e Kwai são redes utilizadas por advogados, umas mais utilizadas e outras nem tanto.

O que elas têm em comum? Prospecção de clientes. Por meio delas as pessoas sentem a necessidade de consumir seu conteúdo, seus produtos, e terão confiança em seu trabalho. Quanto mais ativo você for, será a primeira pessoa que elas lembrarão quando estiverem precisando de alguma ajuda jurídica.

As pessoas não vão passar pela rua, olhar para o seu escritório e pensar: "Olha! Um escritório bacana! Lembrei que tenho uma demanda. Vou entrar". Pelo contrário, se você não se vender nas redes sociais ou em qualquer lugar que for, as demandas tenderão a não aparecer.

Lembre-se de que existem vários meios de se engajar nas redes sócias: vídeos, textos, postagens com fotos, áudios e muito mais. O céu é o limite.

Sugestões de aplicativos:

- **Canva** – Faz artes maravilhosas. Aplicativo bem intuitivo, pode ser utilizado pelo celular ou pelo computador.

- **Capcut** – Editor de vídeos bem bacana e também bastante intuitivo, pode ser utilizado pelo celular ou pelo computador.

- **Parcerias**

Ninguém chega a lugar algum sozinho, por isso sempre seja parceiro (a) de alguém. Procure fazer trabalho em conjunto, chame outros profissionais para uma troca de experiências. Ninguém sabe de tudo e está tudo bem.

Lives em conjunto, *posts* compartilhados, tudo que puder fazer junto a alguém vai te ajudar a conquistar novos clientes.

É melhor ganhar 50% com trabalhos em conjunto do que ficar sem ganhar nada sozinho.

- **Valorização do seu trabalho**

Esse foi um dos meus principais desafios no início da advocacia, pois saí de dois órgãos nos quais trabalhava recebendo salário e não tinha a noção de quanto cobrar e como cobrar. Então o início foi complicado, meus trabalhos eram feitos por valores abaixo da tabela da Ordem e sempre parcelado.

Nesse sentido, você verá que existem casos em que poderá cobrar um valor acessível, enquanto em outros receberá bem mais. Nunca confunda valor com preço. Preço é o dinheiro que se cobra para fazer algo, enquanto valor são as implicações do seu trabalho, ou seja, o que ele vai gerar para aquele cliente – felicidade para a família, paz, tranquilidade, entre outros efeitos.

Com o passar do tempo vamos aprendendo que toda a nossa luta e esforço deverão ser revertidos em dinheiro, ou seja, quanto melhor você faz algo, mais remunerado você deverá ser. Sem esquecer-se do papel social do advogado, claro.

Com o tempo você verá que tudo valeu a pena e que a sensação de comprar suas coisas com o dinheiro fruto do seu trabalho não tem preço. Pode acreditar!

- **Contratos**

Sobre contratos tenho dois pontos a falar com vocês.

O primeiro deles é: coloque tudo no papel para que possa cobrar seus clientes depois. É raro, mas acontece um caso ou outro no qual o cliente não te paga devidamente. Então confie apenas na sua sombra e olhe lá.

O segundo ponto é sobre o recebimento de seus honorários. Muitas vezes, o cliente já gastou todo o dinheiro dele, ou boa parte, na fase de conhecimento para debater a inocência dele. Por isso procure facilitar o pagamento – parcele no cartão de crédito, em boletos, dê descontos. E lembre-se: mais vale um dinheiro menor para receber do que nada.

- **Consulta**

Sempre cobre consulta!

Eu divido as dúvidas em dois grupos: o primeiro, o de dúvidas, que não preciso acessar o processo, ou seja, lerei e ali mesmo responderei, é algo mais tranquilo. Nesse caso, respondendo você conseguirá novos clientes e ganhará notoriedade e autoridade nas redes sociais.

Já o grupo dois é composto por dúvidas que preciso acessar o processo. Nesses casos você deve cobrar, pois estará direcionando um tempo, sua atenção, seu conhecimento e seu trabalho para aquilo, deixando de atender outro cliente naquele momento.

É importante lembrar-se de que você pode descontar o valor da consulta caso o cliente feche o contrato. O que não pode é você ficar de mãos abanando caso não haja nenhum direito a ser pleiteado.

- **Paciência**

Às vezes, o resultado não vem de imediato, por isso você deve ter paciência para persistir no seu caminho, lembrando que cada um tem o seu ritmo e a sua caminhada.

Lembro-me que de quando comecei a fazer meus vídeos no YouTube, lá atrás, eles eram muito ruins (risos), roupa toda nada a ver, iluminação péssima, quadro feio, mas eu iniciei, e é isso que você deve fazer. Nem sempre é sobre conteúdo e, sim, sobre colocar a cara para bater, e também para apanhar – e muito.

Saiba, estamos em constante evolução. Não estou aqui para vender uma fórmula mágica para ganhar dinheiro, muito pelo contrário. Essa coisa de que tudo vem fácil não é premissa deste livro, mas digo que ele é uma ferramenta fundamental no dia a dia de trabalho. Você e seu merchandising são 80%, o conteúdo é os outros 20%, e os dois se complementam.

REFERÊNCIAS

BECCARIA, Cesare. **Dos delitos e das penas**. 1. ed. São Paulo: Edipro, 2013.

BRASIL. **Lei n.º 8.072, de 25 de julho de 1990**. Dispõe sobre os crimes hediondos, nos termos do art. 5º, inciso XLIII, da Constituição Federal, e determina outras providências. Brasília, DF, 1990.

BRASIL. **Código de Processo Penal**. Decreto-lei n.º 3.689, de 03 de outubro de 1941. Disponível em: http://www.planalto.gov.br/CCIVIL/Decreto-Lei/Del3689.htm. Acesso em: 11 mar. 2023.

BRASIL. **Constituição da República Federativa do Brasil de 1988**. Brasília, DF: Presidente da República, [2016]. Disponível em: http://www.planalto.gov.br/ccivil_03/constituicao/constituicao.htm. Acesso em 11 abr. 2023.

BRASIL. Decreto-Lei n.º 2.848, de 07 de dezembro de 1940. Código Penal. **Diário Oficial da União**, Rio de Janeiro, 31 dez. 1940.

BRASIL. **Lei n.º 7210 de 11 de julho de 1984**. Institui a Lei de Execução Penal. Brasília, DF, 1984.

GRECO, Rogério. **Curso de Direito Penal**: artigos 1º a 120 do código penal. 25. ed. Barueri: Atlas, 2023.

MIRANDA, Rafael de Souza. **Manual de execução penal**: teoria e prática. 3. ed. Salvador: Juspodivm, 2021.